思考的声音

——刘广敏评论文集

刘广敏◎著

燕山大学出版社
2019 · 秦皇岛

自　　序

写评论是我做宣传思想工作的一种方式。在县级广播电视台台长的工作岗位上，努力做好电台、电视台、转播台宣传事务的同时，养成了为党报写评论的习惯。本册评论文集的文章，就是我两年多来发表在党报上的稿件，也是我思考的声音。

举旗帜、聚民心、育新人、兴文化、展形象，是新时期宣传思想工作的使命任务。如何在基层更好地结合实际、扎实有效地做好宣传思想工作值得思考。我认为，广大宣传思想工作者要围绕使命任务，在落实、落细、落小上下功夫。报纸、电视、电台、网络，无论是哪种宣传形式；消息、评论、散文，无论是哪种新闻体裁，宣传思想工作者都要突出思想引领。文章和产品一样，得有用处。我们作为精神产品的制作者，每写一篇评论或者一条消息，目的和方向要明确，服务人群和引导受众需心中有数。思想既是宣传的目的，也是宣传思想工作的灵魂。

我写的每一篇评论，既是自己学习研究和工作实践中的认识与总结，也是反复思考后发出的声音。

2018年12月5日

目　录

第一辑　助力发展

第二辑 关注民生

第一辑

助力发展

发展，
时代永恒的主题；
助力发展，
宣传思想工作者的使命。

乐见栈道步道成为城市名片

河北秦皇岛海滨的木栈道，一直是居民和游客的好去处，也是秦皇岛旅游的一张名片。同时，笔者老家晋南古县的小县城里，从南到北的一条十里长廊步行道也是人来人往，散步健身，其乐融融。

一条海滨栈道，一条长廊步道，这些城中慢行道看起来都是不起眼的区域性小工程，却能引起社会关注，甚至成为一个城市名片，是能够给当前的城市建设工作带来一些启示的。具体来说，主要表现在以下几个方面：

以人为本的城市建设理念应体现在细节中。中央城市工作会议指出，坚持人民城市为人民，以人民为中心的发展思想，是做好城市工作的出发点和落脚点。以人为本的城市建设理念，应落实在每一个项目、每一栋建筑、每一条道路的具体工作里，构建疏密有致、环境优美的城市空间结构。此前，个别城市空间、格局、规模缺乏协调和统筹，有的小区楼房密集、楼层忽高忽低，居民住在里边觉得透不过气，这就是建设理念出了问题。城市建设与发展的最终目的是为人提供宜居环境，这才是未来城市间竞争的主要方向。

让“车的城”逐渐回归“人的城”。交通拥堵已经把一些城市变为“车的城”，但城市的主体是人，要让“车的城”逐步回归“人的城”，首要的就是保障步行道、骑行道、公交道等慢行系统的道路容量。现在，城市交通不再单纯求快，在地铁、快速路、高速路等快行系统发展的同时，也在重视发展城市步道、绿道、栈道等慢行系统，徒步作为最贴近生活的一种锻炼方式，也受到越来越多人的欢迎；同时，精致的慢行系统与景观融合在一起，还成了人们休闲旅游的好去处。如此看来，城市交通还是要注重快行系统和慢行系统协调发展，把生产空间集约高效、生活空间宜居适度、生态空间山清水秀、人与自然和谐共处作为目标。

在唯实上做足城市发展文章。不唯上，不唯书，只唯实，这个“实”意味着城市规划、建设、管理时刻要牢记城市是为人服务的。此前，有些城市在发展规划定位中明确表示，暂时没有想清楚、看明白的地方要坚决留白。城市留白是城市未来发展的稀缺资源和战略空间，也是城市持续发展的有力保障。有些城市却很难找到一块空地，就连修条步道都需要拆迁；有的城市盲道成为“摆设”，断头的、被占用的并不少见。这都在提醒我们，搞建设的时候还是要多想想生活在这里的人们需要什么。

（原载 2017 年 7 月 27 日《经济日报》）

创新是高质量发展的动力

满足人民日益增长的美好生活需要，必须坚持不断推进高质量发展。市委书记孟祥伟在市委十二届二次全会上讲话强调，推动高质量发展，让创新成为第一动力。

工作生活中，一提到创新，很多人往往认为自己与创新很远，感到只有高、精、尖的才是创新。其实，创新并不难，创新也不远，人人勤思考，创新在身边。有一家部队医院的负责人用亲身经历讲过这样一件事：有一次，他参加医疗救护，当直升机到达安置救护平台时，由于直升机螺旋桨发出的噪音太大，队员们听不清彼此说话的声音。这时，如果有急救指令，手语又表达不清楚，该用什么样的通信工具来传递呢？当时，专家们被这个问题困扰了好几天。最后的方案是：事先准备一块小黑板，有指令时只要写在上面就可以了。这件事说明，创新就在身边，有时还很简单。

眼下，面对节日期间的城市车辆拥堵问题，如何来创新性地做好应对疏解工作，为百姓提供一个相对畅快的交通环境？进入 2 月份以来，我们昌黎县广播电视台创新民生宣传内容，主动作为，多形式地大力宣传“人人文明礼让，保障道路通畅”，以新闻、专题、大屏、片头和标语口号图文并茂的形式宣传。大力宣传文明礼让的主题，使谦和有礼、懂得礼让成为人们节日期间出行和开车的自觉行为，有效缓解了城区道路交通拥堵问题。我们认为，创新性地宣传内容，有针对性地解决人的思想问题不容忽视。同时，配合交警、城管等部门做好道路法规的普及和管理，是保障百姓节日道路通畅的创新性做法。著名的“奥斯本法则”，就是强调从小处入手做大事，途径无非是改变、增加、减少、替代、颠倒、重组六个方面。不断地尝试，对这六个途径进行优化，创新自然会水到渠成。

2018 年 2 月 5 日，市委书记孟祥伟在市政协十三届二次会议上讲话指出，如何围绕推动高质量发展，树立和光大秦皇岛品牌，助力构建现代化经济体系；如何围绕加快建设一流国际旅游城市、推进旅游转型，提高附加值；如何围绕建设国际旅游港、自由贸易港，推动港口转型、港城融合；如何围绕招商引资，加快北戴河生命健康产业创新示范区建设，把健康产业发展成千亿级的强市产业；如何围绕加快打造京津冀城市群生态标兵城市，提升生态质量，真正把生态优势转化成竞争优势、经济优势、发展优势；如何围绕巩固全国文明城市创新成果，持续推进城市文明提升和特色塑造，促进城市整体增值；如何围绕实施乡村振兴战略，推动资本等生产要素，进入农村，把农产品变成旅游产品。这“七个如何”需要全市上下群策群力，创新创优，因为创新是高质量发展的动力。

（原载 2018 年 2 月 13 日《秦皇岛日报》）

工作日志是增强执政本领的平台

党的十九大报告指出，我们党既要政治过硬，也要本领高强，要增强八个方面的执政本领，不断提高党的执政能力和领导水平。实践中笔者认为，学习思考，调查研究，躬身实践都是增强执政本领的主要途径，作为一名党员领导干部，认认真真写好每一天的工作日志，是增强和提高执政本领的一个最好平台。

学习贯彻十九大精神，既要重点学习掌握新时代中国特色社会主义思想，把“八个明确”深刻内涵、“十四个坚持”基本方略学懂弄通，也要结合本职工作把报告中提出的增强学习本领、政治领导本领、改革创新本领、科学发展本领、依法执政本领、群众工作本领、狠抓落实本领、驾驭风险本领的“八个增强”落到实处。要密切联系实际，把学与记紧密结合、记与思紧密结合、思与行紧密结合，从写好每天的工作日志做起，立足岗位，履职尽责，创新创优，多做贡献，不断提高工作效率和工作日志质量，依靠学习走向未来，用工作日志推进执政能力和领导水平的提高。

工作日志可以增强我们学习的本领。本领不是天生的，是要通过不断学习和实践来获得的，工作日志就是我们每天学习，不断思考，具有连续性的锤炼平台，也是各级党员领导干部学习实践和展示本领的最好平台。一日一记，把每天工作开展和完成情况，叙述、分析、总结记录，一支笔、一页纸就解决问题，每天坚持认真记录，丰富了个人的动手学习思考能力，使思想得以升华凝练，促进了工作实践，提高工作效率和爱岗意识，在学习思考中增长本领，在真抓实干中坚定信念，在埋头苦干中升华境界。

工作日志可以增强我们改革创新的本领。新时代要有新本领，面对新情况新问题，如果新办法不会用，老办法不管用，硬办法不敢用，软办法不顶用，工作就很难做好。要用习近平新时代中国特色社会主义思想武装头脑，善于在履职中担当，在担当中创新，在创新中学习提高。记录来自于工作实践，来自于思考创新，记录中所写所思的过程，是脑细胞活跃的一种意念，是理性思维中的创造潜力，这样长期坚持，会不断提高思考力和创新力。我们在一个部门、一个岗位的工作时间是极其有限的，随着全面深化改革战略的推进，国家一千五百多项改革举措的持续实施，保持锐意进取的精神风貌，撸起袖子加油干，在工作实践中力求有所创新，有所成就，有所奉献。要掌握新时代的新特点新变化，善于结合实际创造性地开展工作，善于贯彻新发展理念，不断开拓发展新局面。

工作日志可以增强我们狠抓落实的本领。落实新要求，增强新本领，要在学习实践中接受锻炼和考验，增强狠抓落实的本领。坚持说实话、谋实事、出实招、求实效，是写工作日志和抓工作中应该遵循的一条基本原则，也是一个人干一行、爱一行、精一行，不断通过努力给社会、给他人带来温暖和方便，求真务实，敬业奉献的一种印记。每天工作学习的记录总结，每月的盘点感悟，使人变得更加聪明，使理论更好地指导实践，推进落实。动手记录的实践中，逼着你学习借鉴，思考问题，躬身实践。写工作日志要有恒心有韧劲，抓落实要经常抓反复抓，往细里抓往深处抓，都需要一股顽强持久的劲头。通过记录思考，锻炼提高了政治责任感，把做好工作，落实责任和不懈奋斗作为对时代、对社会、对组织培养的一种回报。养成求真务实抓落实的习惯，坚持一切从实际出发，把雷厉风行与久久为功有机结合起来，勇于攻坚克难，以钉钉子精神做实做细做好各项工作。

（原载 2017 年 11 月 28 日《秦皇岛日报》）

学习沈汝波贵在行动

沈汝波的事迹，人人可学，他 39 年所做的事，大都是帮人理发、按摩、捡垃圾、修水管这样的小事，没有惊天动地的伟绩。他在部队做好事，退伍后做好事，下岗以后继续做好事，在多年如一日的平凡中见伟大。

沈汝波的精神，并非高不可攀，它看得见、摸得着、可学、可行，谁都可以做，谁都有能力做，每个人无论什么职业、职务高低、年龄大小、财富多少，都可以接力沈汝波，为民做好事。

学思践悟，贵在行动，学习沈汝波不能只说在嘴上、写在纸上、落在会上，必须从实处用力，在知行合一上下功夫，因为我们每个人的一个善举、一次善意、一份善心都关乎到秦皇岛这座城市的名、群众的利、社会的美。

城市的名，需要我们有行动。市委书记孟祥伟同志指出："秦皇岛不仅要在生态建设上在全国叫得响，也要在人的精神和品德上在全国叫得响。”好山好水是秦皇岛的自然禀赋，“燕赵楷模”沈汝波是这座城市的好人代表，市委号召学习沈汝波的先进事迹，就是激励更多的人像他那样干好每一天、做好每件事、一生做好人。同住一座城，共爱一个家，秦皇岛作为年接待中外游客5000万人次的旅游城市，每个市民的一言一行、一举一动，都关乎到城市的形象和名声。在日常社会生活中，关键时刻挺身而出、见义勇为是学习沈汝波，献一次血、扶一把老人也是学习沈汝波，党员干部模范践行“五到四从”是学习沈汝波，捍卫公平正义的发展环境也是学习沈汝波。人人都工作生活在崇德向善向上的社会氛围中，我们这座城市就会更加美丽引人，全市上下每个公民都要以实际行动，践行“我为城市添光彩，城市因我而美丽”的全国文明城市创建诺言。

群众的利，需要我们有行动。群众利益无小事，但只要把群众的小事当成自己的大事来做，老百姓就会认可你。有人只为自己做好事，有人只为亲属朋友办好事，而沈汝波是为人民群众做好事。省委宣传部授予沈汝波“燕赵楷模”荣誉称号的颁奖词是：“从人民群众关心的事做起，从让人民群众满意的事情做起，传承弘扬雷锋精神，做个雷锋一样的人。39年，你用一点一滴的小善，生动诠释‘心里时刻装着别人，唯独没有自己’的大德；用一个又一个‘正’字，完美标注共产党人始终为人民谋幸福的精神高度。燕赵义士，雷锋传人。”他几十年如一日地做好事，不图钱不为名，他活着，不是为了自己，而是心中装着他人，把有限的生命和力量投入到了为人民服务中。接力沈汝波，面对人民群众对教育、医疗、就业、住房、环境等方方面面的诸多期盼，每一名党员干部都要立足本职，脚踏实地，扎扎实实做好这些民生实事，要经常深入田间地头、工厂车间，走一走菜市场、学校、医院、公厕，真正贴近老百姓的生产生活，多办实事好事，要把民生改善离不开个人奋斗的发展理念落实在工作实践中，既量力而行，又尽力而为。同时民生工作的落实也有衡量标准，就是看有没有解决实际问题，有没有给群众带来实惠。

社会的美，需要我们有行动。沈汝波服务人民、助人为乐的友善行为，闪耀着社会主义道德的璀璨光芒，是激励人们弘扬良好道德风尚，自觉追求真善美，践行核心价值观，奉献社会的强大力量。接力沈汝波，凡人善举为城市构建了一道道美丽风景，也成为社会正能量的基石，至善才能至美，让我们携手，共同为优美社会环境而努力。人人身体力行，营造崇尚文明、热爱公益、互助礼让的社会文明风尚。职能部门要有针对性地破解交通拥堵、房价虚高、管理粗放、线路私搭乱拉等这些社会问题。我们实现社会更加美好的目标，就是通过持续实施生态立市、产业强市、开放兴市、文明铸市战略，建设沿海强市美丽港城和国际化城市。秦皇岛是全国文明城市，发展旅游产业是我们落实新发展理念、深化供给侧结构性改革最现实最主要的抓手。因此，市民的素质，旅游旺季的服务质量和水平，决定着秦皇岛对游客的吸引力。2018 年旅游旺季即将到来，市委号召全市上下要贯彻以人民为中心的发展思想，千方百计为游客营造万无一失的安全环境、优美宜居的生态环境、文明靓丽的城市环境、和谐稳定的社会环境和宾至如归的服务环境。

（原载 2018 年 5 月 22 日《秦皇岛日报》）

忙要忙到点子上

实现高质量发展，就要强化工作的效率意识。现在“5+2”“白加黑”已经成为很多领导干部的工作常态，走好沿海强市、美丽港城和国际化城市建设新征程，推动秦皇岛市高质量发展，需要各级领导干部真抓实干和无私奉献。但实干里边有效率，落实也要讲质量。有部分同志成天慌慌张张，忙忙碌碌，到底“忙”了些什么，忙得是不是有价值，忙得是不是有效果，我认为应该认真地盘点一下。

工作生活中仔细观察会发现，有的人天天忙开会，工作程序就是把屁股从一个会场挪到另一个会场，讲话是从“讲话”中来到“讲话”中去，文件是从“文件”中来到“文件”中去，轰轰烈烈地忙在文山会海里。作为领导干部，必要的会议还是要开，必要的文件也要发，但不能忘记开会发文件的目的。开会忙发文忙，不落实就是瞎忙；研究出来的这个招那个招，不落实都是虚招；措施制定的这一条那一条，不落实都是白条。陷入文山会海，实际上是混淆了手段和目的的关系，颠倒了工作的主次。这种忙，许多是空忙，不仅无价值，而且还容易滋生坐而论道的风气。

还有一种忙，是思想没中心、工作没重点，对地区和部门在发展中的优势和问题心中无数，整天陷入具体的事务中，眉毛胡子一把抓。这种人往往是不会总结，不善思考，对上级精神“只吃不消化”，满足于当忙忙碌碌的事务主义者；有的工作量虽然不少，业务能力却在原地踏步，天天忙，但创新创造的方法和成果没有，常常是一个瓶颈年年攻，一个难题总在研究，天天忙于事务中。

忙要忙到点子上。不开不解决问题的会议，不发不解决问题的文件，一切工作围绕实事求是抓落实，别糊弄，别“刮风”，把真抓的实劲、敢抓的狠劲、善抓的巧劲、常抓的韧劲用在崇尚实干，扎实抓落实上，以务实的调查研究掌握真实情况，践行“五到四从四多”工作法，实实在在地在工作中学习，在总结中成长，不断提高“八种本领”。领导干部要善于在千头万绪中抓关键，善于分析和解决影响全局的深层次矛盾，紧紧牵住能够带动全面工作的“牛鼻子”，不讲外行话，不做无用功，拍板要在调查研究之后，科学决策，才能招招抓在“点子”上，说在大家的心坎上。比如在 2018 年 3 月 8 日昌黎县庆祝三八妇女节座谈会上，县长赵青英寄语全县妇女同志们，女性都爱美，但追求美丽有方法，号召大家要在奋斗中展示美丽，在善良中展示美丽，在奉献中展示美丽。这“三个美丽”说到了大家的心里，引起全县妇女姐妹的响应和共鸣。

忙要忙出实效来。领导干部要学会从繁杂的事务中抓工作重点，远离低质量的忙碌。要忙在结合各自实际创造性落实中央各项政策措施上，忙在有利于社会进步，有利于经济发展，有利于提高人民群众生活水平实实在在的政绩上。要学以立德，学以增智，学以致用，不断提升科学决策能力；要纵向联动，横向协调，统筹做事，把握“度”“量”“衡”，不断提高统筹能力；要突出一个“真”、一个“实”，以务实的态度抓落实，突出一个“敢”、一个“狠”，以担当的魄力抓落实，突出一个“善”、一个“巧”，以科学的方法抓落实，突出一个“常”、一个“韧”，以不懈的韧劲抓落实，以说实话、谋实事、出实招，求实效的务实作风和行动，助推事业的高质量发展。

（原载 2018 年 3 月 13 日《秦皇岛日报》）

勇做公道正派的模范

2017 年 12 月 29 日《秦皇岛晚报》今周七版刊发了一篇《那个为弱者顶住的人》的文章。文中的公交车就是大课堂，售票员是正义者的代表。这篇文章，就像给人上了一堂活生生的核心价值观践行课。推荐大家都来读一读这样的美文，它教育引导我们应该怎样做人，做什么样的人。

文章的概要内容是：一个农民工在公交车上把刚领到的 3000 元打工血汗钱弄丢，售票员确认后报警并停车。在等待警察来的过程中，车内不少人却急了，七嘴八舌，有的说上班要迟到了，有的说赶不上火车了，有的着急有事要办。但售票员不开门的态度坚决，她说，我既无权搜身，也无权开门，只能请大家谅解。等待警察的十分钟里，有人开始踹车门，有人要跳窗户，有人威胁让赔损失。售票员说："大家体谅一下，设身处地想一想，要是你辛辛苦苦干一个月活，工资全丢了，会是什么心情。人都不容易，谁都有倒霉为难的时候。今儿咱赶在同一辆车上了，咱就得帮他分担。人得有点品德，不能光考虑自己，今儿你替别人想，明儿就有人替你想。”最后警察赶到后，丢失的钱包出来了，事情得到圆满解决。警察走了，车继续开。车上有位老人说，如果不是售票员的正义和机智坚持，农民工的钱是找不回来的，所以在关键的时候，需要有人敢于站在正义这边。

由此，我从这位正义的售票员联想到我们的各级党员领导干部，尤其是有决策权的人，要向这位普普通通的售票员学习，心里要有公道，勇敢地践行正义，机智地维护公平。别人再怎么非议，也要坚持顶住，这是共产党人的担当，也是领导工作者的一份沉甸甸的职责，决不能让那些无辜、弱势的好人受伤害。

社会主义核心价值观的培育和践行，要以认知为前提，做到内化于心；要以践行为重点，做到外践于行。站出来为不相干的人说句公道话需要良知，有时还需要顶着压力，甚至牺牲个人利益，而拥有良知和勇气的人越多，正义感强烈的党员领导干部越多，政治生态和社会环境就会越好。坚定文化自信需要党员干部有实实在在的行动，重视意识形态工作。让政治清明、环境优化的关键，是每个人都身体力行地做一名公平正义的践行者。特别是每名党员领导干部，要实实在在地做到公平正义。要做公道正派的带头人、坚守者和维护者，把公道、公平、公正作为原则问题，特别是在是非面前，强势和弱者面前，真善美与假恶丑面前，是考验党员干部、甄别党性、观察品行的时刻。沉默很容易，顺水推舟也容易，不分青红皂白地去迎合自己的利益也容易。

我们的各级党员领导干部，要在实践中练就一双识别善恶是非、真伪优劣的火眼金睛，明辨是非不走眼，勇做公道正派的模范，时时刻刻守住公平正义，政治生态和社会环境才会不断优化，

（原载 2018 年 1 月 30 日《秦皇岛日报》）

职业操守是社会文明的基石

2017 年 7 月 18 日下午，南昌 13 路公交驾驶员邓红英驾驶车辆驶至某站点时，凭借多年的驾驶经验和高度警觉性，通过在车内闻到的刺激性异味，成功排查出有一名 50 岁左右男子携带不明危险品乘车。她先是上前坚决要求其下车，该男子执意不肯，她立即将车熄灭，并打开车门，疏散乘客。其间，该男子突然点燃危险品，火势迅速蔓延。她将车上乘客疏散后最后一个下车，并立即向 110、119 报警。事故中，该男子被自己引燃的大火烧伤致死，邓红英与其他乘客安然无恙。驾驶员邓红英机智、冷静、果断地挫败了一起企图拉无辜乘客陪绑的反社会行为，救了一车人，可谓功德无量。

一个普通的公交车驾驶员，关键时刻有不凡的表现，甚至可以说是壮举。我认为，最值得大家学习的是邓红英的职业操守。职业操守是社会道德在职业活动中的具体表现，是一种更为具体化、职业化、个性化的社会道德，是我们当前坚定不移贯彻新发展理念，有力推动我国发展不断朝着更高质量、更有效率、更加公平、更可持续方向前进的保障。职业操守更是社会发展和文明提升的基石，是人们在从事职业活动中必须遵从的最低道德底线和行业规范，它具有基础性、制约性的特点，要求凡从业者必须做到。但现实生活中，有些人做到了，有的人没做到。假如邓红英只管开车，对车内的刺激性异味不以为意，悲剧可能就会发生；假如邓红英发现车内要有危险，只顾个人逃命，不指挥疏散乘客，一车人的命运恐怕就不敢想象了；假如面对突发情况，没有南昌公共交通运输集团在全体驾驶员中开展的“两先三个一”处理突发事件教育，即先人后己，先人后物，第一时间停车，第一时间疏散乘客，第一时间报警，邓红英在整个事件的处置过程中，也不可能那么得心应手，所以日常的培训教育和应急演练尤为重要。邓红英做到了，而且做得非常好，一举成为英雄。

听说过这样一个事：大凉山深处有一所小学很简陋，有一天山火蔓延，烧到了学校。大火中有三个小孩子被吓坏了，只顾号啕大哭，却不知往外跑。老师冲进来抱起一个孩子就往外跑，然后回来又抱起一个孩子。火势如狼，房屋倒塌，老师尽力了，最后一个还是没救出来。

最后没救出来的孩子是老师自己的孩子。师德如山，人间最美，这位老师以自己的行为书写了人类灵魂工程师的光辉形象。

让我们再来看看那些没有做到坚持职业操守的人。组织工作干部的职业操守就是公道正派，但被中纪委查处的原珠海市委书记李嘉，在组织部长岗位上篡改个人档案向组织造假；公检法是社会公平正义的最后防线，政法干部是公平正义的化身和守护神，但内蒙古呼格吉勒图冤案震惊了国内外，有 27 名公检法人员被追责；留心看看，城市上空的“蜘蛛网”线路问题，已经形成了城市发展中的视觉污染，但一些职能部门只顾私搭乱拉发展业务，不顾城市线路的协调和美观，个别专业拉线工作人员根本不考虑这些，脑子里只有接通完事。私搭乱拉线路问题不仅关乎职业操守，而且影响城市发展和社会文明。

职业产生于社会分工，每种职业都有它的服务内容和要求，只有人人遵守各自的职业规矩和行业操守，行动诚实可靠有原则，把服务人民、奉献社会作为努力方向，社会才能有序高效运转，社会文明程度和人们整体素质才能不断提高。

（原载 2017 年 8 月 8 日《秦皇岛日报》）

原原本本学　扎扎实实做

如何更好地贯彻党的十九大精神？习近平总书记要求我们要切实学懂、弄通、做实，这体现了我们党一贯的学用一致的优良作风。

原原本本学。认真研读党的十九大报告和党章，准确把握党的十九大确立的重大思想、重大判断、重大战略和重大任务。深刻认识和领会党的十九大的主题，新时代中国特色社会主义思想的历史地位和丰富内涵；深刻认识和领会五年来党和国家事业发生的历史性变革，取得的历史性成就；深刻认识和领会决胜全面建成小康社会，开启全面建设社会主义现代化国家新征程的战略安排；深刻认识和领会坚定不移推进全面从严治党的新要求新部署。学习领会中，既要全面系统，又要重点突出，把着力点聚焦到习近平新时代中国特色社会主义思想是党必将长期坚持的指导思想上，聚焦到中国社会主要矛盾已经转化为人民日益增长的美好生活需要和不平衡不充分的发展之间的矛盾等重大政治论断上，聚焦到以习近平同志为核心的新一届中央领导集体是深受全党全国各族人民拥护和信赖的领导集体上，聚焦到习近平总书记是全党拥护、人民爱戴、当之无愧的党的领袖上。要在原原本本学习报告上持续用力，党员干部要学习党章，牢记誓词，时刻用党章党规约束规范行为。要悟透精神，把思想和行动统一到党的十九大精神上来，使党的十九大精神成为推动建设沿海强市、美丽港城和国际化城市的强大思想武器，加快“生态立市，产业强市，开放兴市，文明铸市”战略实施，要领导带头、知行合一、学以致用，推进十九大精神在秦皇岛落地生根。

扎扎实实做。要结合部门职能和工作实际，把方位找准，把思想校正，把自己摆进去，对照分析研究，上下结合，在认识上不断深化，在行动上真正落实。要围绕解放思想抓落实，要围绕推动发展抓落实，要围绕改善民生抓落实，要围绕加强党的建设抓落实，把建设忠诚干净担当的高素质干部队伍，营造风清气正的良好政治生态放在首位。宣传文化系统要采取多种形式，精心组织宣传引导，把坚定文化自信、推动社会主义文化繁荣兴盛，落实到加强思想道德建设，培育和践行社会主义核心价值观，弘扬真善美的具体工作细节里。讲好秦皇岛故事，弘扬秦皇岛精神，传播秦皇岛声音。组织人事部门要把精神落实到加强基层组织建设，着力解决报告中指出的基层组织弱化、虚化、边缘化的问题，培育高素质人才队伍，坚持正确选人用人导向，匡正选人用人风气，坚持德才兼备以德为先，坚持五湖四海任人唯贤，坚持事业为上公道正派，把好干部标准落到实处；纪检政法部门要把精神落实到维护社会公平正义，从严治党和依法治国上，全面落实司法责任制，努力让人民群众在每一个司法案件中感受到公平正义。

理论的价值在实践，学习的目的在运用。要把原原本本学与扎扎实实做结合起来，党员干部要带头做学习的模范，践行的模范，落实的模范，在学习和落实中体现心中有党、心中有民、心中有责、心中有戒。要尊崇党章，把党章切实作为所有党组织和党员的根本遵循，每一名党员都要学党章、用党章，牢记自己的第一身份是党员，第一职责是为党工作，做到任何时候都与党同心同德，为党的事业奋斗不息。

（原载 2017 年 11 月 14 日《秦皇岛日报》）

人格的力量穿越时空

人无德不立，官无德不为。2018 年 3 月 10 日上午，习近平总书记在参加重庆代表团审议时强调，领导干部要讲政德，并对如何立政德提出明确要求，具有很强的现实针对性和长远指导意义。

政德是社会道德建设的风向标，也是一种难得的精神品质，它有着穿越时空、历久弥坚的人心力量。笔者在部队时有位名叫张国安的旅长，曾担任过部队引青济秦引水工程的总指挥，他因病去世多年了，但部队战友到一起时，都经常想起他，怀念他。不少军营男子汉每念及这位已去世多年的老首长，仍心潮澎湃，难掩感动。他为官做人，抓训练谋打赢，真心实意抓建设，关心干部战士生活和成长，经常找部属谈心，解决官兵的实际困难和问题。旅长在部队是副师级干部，但他从不以官位自居。身边的普通战士遇到困难和问题，他得知后都是主动帮助解决，谈心鼓励，他把官兵平等、关怀战士落实在了小事小节和一点一滴中。大家对他的怀念，都来自于他为政当官时的这些一言一行、一举一动。战友们都普遍评价他是一位难得的好领导干部，是一个担当的人，是一个忠诚的人，是一个干净的人，是一个去世多年还让人想念的人。

有人说，现在做个好干部很难。其实，一个人来到世上，能当多大官，能挣多少钱，恐怕自己无法选择。但是，怎样做事，怎样做人，自己完全能做主。邓小平曾说："共产党人干事业，一靠真理的力量，二靠人格的力量。"一名合格的党员领导干部，必然是一个品德高尚、充满人格魅力的人，忠诚、干净、担当就是每名党员领导干部修身做人的核心素养。重温周恩来同志的《我的修养要则》，感受县委书记好榜样焦裕禄的"亲民爱民、艰苦奋斗、科学求实、迎难而上、无私奉献"的精神，使人深深感受到做人讲人品，为官讲政德，是维护社会公序良俗的基本要求，也是共产党人必须坚持的道德操守，更是新时代建设文明社会的迫切需要。

作风是党员干部品质的外在表现，每一名党员领导干部都要常想"入党为什么，当官做什么，身后留什么"，带头学习和弘扬社会主义核心价值观，内化于心，外化于行，用自己的模范作为和高尚人格带动群众，引领社会风尚。原泰州市信访局局长张云泉有“三个不忘”：不忘自己是农家子弟，不忘是党把自己培养成国家干部，不忘人民群众是自己的衣食父母；还有“三个比较”：在理想信念上和革命先烈比，在工作标准上和英模人物比，在生活待遇上和困难群众比。党员干部经常对照这“三个不忘”和“三个比较”，就会常怀初心，不忘来路。要坚定理想信念，把握和提高做好意识形态工作的能力本领，把坚持公平正义和公道正派牢牢抓在手上，保持道德对社会的感召力和约束力，只有明大德、守公德、严私德的领导干部，才能形成以上率下的头雁效应，团结和率领广大党员干部群众奋力干事创业。

（原载 2018 年 4 月 10 日《秦皇岛日报》）

立足新时代　总结谋划年度工作

2017 年 12 月 6 日下午，在昌黎县举办的党的十九大精神科级干部学习轮训班上，国家行政学院教授李志勇围绕“新时代、新思想、新矛盾、新征程、新要求”解读了新时代中国特色社会主义的行动纲领。台下聆听者是昌黎县 600 多名领导干部，有的同志在学习体会中写道：年终岁末，要把学习贯彻落实十九大精神与一年一度的总结谋划工作相结合，立足新时代，盘点总结今年工作，科学谋划明年的工作。

总结谋划工作要以新思想为根本遵循。总结是对今年工作的盘点，谋划是对来年工作的安排。党的十九大是在全面建成小康社会关键阶段，中国特色社会主义发展关键时期，召开的一次十分重要的大会，对鼓舞和动员全党全国各族人民继续推进全面建成小康社会，坚持和发展中国特色社会主义具有重大意义。“八个明确”和“十四个坚持”是习近平新时代中国特色社会主义思想的灵魂，自觉用习近平新时代中国特色社会主义思想武装头脑，指导实践，推动工作，是当前和今后一个时期首要的政治任务和头等大事。总结今年、谋划明年，事关工作的基础和方向，是每个人、每个岗位、每个单位部门盘点得失、自我评价、调位定向的过程。总结工作年年搞，谋划措施年年写，但今年与往年有不同，学习贯彻习近平新时代中国特色社会主义思想，就要从一点一滴做起，真正把新时代中国特色社会主义思想和基本方略，贯穿到总结谋划工作的全过程，作为总结今年、谋划明年工作的根本遵循。

总结谋划工作要围绕新部署展开。过去五年工作和历史性变革的总结、新时代中国特色社会主义思想和基本方略，对经济、政治、文化、社会、生态、军队、外交、党的建设的战略部署，是做好总结谋划工作的重要纲领性指针。要牢固树起以人民为中心的思想，共产党员的不忘初心就是要树牢公心，践行公道正派，始终做到公平公正，建立公平合理的制度，营造干事创业的政治生态。要结合部门职能和工作实际认真梳理分析、研究对照、总结经验、科学部署，坚持把一年中的工作、业绩、成效、亮点、不足都提炼出来。成绩经验是可持续发展的基础和资源，工作中的不足和薄弱环节要找准原因，并制订改进措施。总结的目的在于提高，科学的部署推动发展，要对标十九大提出的新任务新部署谋划工作，科学定位，加快发展，改善民生，开启建设经济强市、美丽港城新征程。

总结谋划工作要贯穿落实新要求。迈向新时代，激动之后要有行动，总结谋划工作，要围绕贯彻十九大精神这一主线，制订新目标，落实新要求，把既要政治过硬，也要本领高强的要求落到实处。各级党组织和党员干部在学习和实践中要注重增强八个方面的本领，总结和谋划工作中既要解放思想，又要实事求是，既要创新方法措施，又要说实话、谋实事、求实效。要以工作日志为载体，提升党员干部的学习力，提高全党思想政治水平，关键在于提升各级党组织和党员干部的学习力，学习力是政治力、决策力、创新力的源泉。其次，要着眼落实，增强执行力。一分部署、九分落实，工作总结谋划得再好，如果缺乏踏石留印、抓铁有痕的执行力，往往成效不佳，因此，增强狠抓落实本领，要坚持把雷厉风行与久久为功有机结合，持续深化“河长制”，全面实施“湾长制”，全力建设国家级生命健康产业创新示范区，不断巩固和深化全国文明城市创建成果，铸就秦皇岛发展史上更多的丰碑。

（原载 2017 年 12 月 26 日《秦皇岛日报》）

领导干部要从工作实践中锻炼提升意识形态能力

关于意识形态工作的重要性，习近平总书记讲得很清楚。他说：“历史和现实反复证明，能否做好意识形态工作，事关党的前途命运，事关国家长治久安，事关民族凝聚力和向心力。”

党的十八大以来，中央对意识形态给予了极大的关注，提出了许多新要求新思想，把提高领导干部的意识形态能力作为核心能力来抓，从意识形态的鉴别力、学习力、思考力、创新力、表达力等方面分别提出了要求。理论转化为能力，必须联系工作实际。作为一名工作生活在秦皇岛的党员领导干部，必须以新的精神状态和奋斗姿态，在工作实践中锻炼提升意识形态能力，并把意识形态工作牢牢抓在手上，有力推进沿海城市、美丽港城和国际化城市建设。

从落实工作日志制度实践中提升意识形态能力。

2015 年 11 月，我市推行的领导干部工作日志制度，较好地解决了各级干部在学习中推一推、动一动的问题，干部学习制度化、经常化的局面形成。一个优秀的领导干部要站起来能讲，蹲下去能干，坐下来能写。一是工作日志锻炼提高了各级领导干部的动手能力。一日一记，一月一结，把每天工作开展和完成情况叙述、分析、总结、记录，是一件很有意义的事情。每月总结所做工作和工作中的感悟，养成学习盘点的习惯，既能使自己变得更加聪明，又能不断确定新的努力方向。二是工作日志锻炼提高了各级干部的思考能力。无须更多的投资，只需注意观察生活，用心去思考，然后只用一支笔、一个本、一页纸就解决问题。由于每天都要记录，逼着你动手学习借鉴，思考问题，躬身实践，从而使思想得以升华和凝练，反过来又可以促进实践，提高工作质量。三是工作日志锻炼提高了各级干部的政治责任感。市委书记孟祥伟指出，今天的记录就是明天的历史，既是个人成长的历史，秦皇岛发展的历史，也是时代进步的历史。你干了什么，干成了什么，你是怎样的人，通过记录留下自己的所做所思所想，无疑延长了自己的生命价值，这是对时代、对社会、对所有给予我们关心关爱的人和组织培养的一种回报方式。记录中那种对生活鲜活的感觉是心灵的一种状态，是脑细胞活跃的一种意念，是理性思维中的创造潜力。只有这样长期坚持，才能在学习中不断提高学习力、思考力和创新力。

从观看《创城有我》的片子中提升意识形态能力。提高意识形态能力，要注重把握一个核心任务，就是怎样让大家了解、理解、认同你的想法、说法，或者说怎样用你的想法说法打动、感召、说服大家。意识形态工作本质是一个争夺人心的工作。习近平总书记指出，人心是最大的政治，如果经过我们的工作，人心凝聚力提高了，老百姓的认同感、认同度提高了，那么这个工作就是成功的。2017 年 6 月份，由秦皇岛市广播电视台精心制作的《创城有我》的公益广告宣传片火遍了秦皇岛，短短两天时间，转发量就突破了 30 万次。小小公益宣传片，迅速汇聚起了强大的创城力量，这一现象能给我们以启示。一是它具有鲜明的思想引导力，一个简单双手相连的手势，一句坚定的“创城有我”的倡议，汇聚成创建全国文明城市的强大力量，把“创城”的主角是工作生活在这座城市的每一个人的思想主题，旗帜鲜明地表达了出来。二是画面人物的感染力，画面贴近实际，贴近百姓，都是大家身边的人，有市领导，有一线职工，还有普通群众。通过市委书记、单位职工以及普通群众的共同参与，产生出强大的感染力、亲和力和说服力，进一步坚定了全市上下打赢创城攻坚战的信心和决心。从《创城有我》的火爆到《将改革进行到底》的热播，使我们对意识形态工作质量和力量有新的认识。一部片子以传播的方式发出自己思想的声音，它具有持久的生命力和凝聚力。同样，一部对时代、对社会高度负责的作品就更具有穿透人心的力量。

从接力沈汝波活动中提升意识形态能力。一个典型就是一面旗帜，沈汝波 39 年无私奉献为民做好事的模范事迹，为全市树立了榜样。通过学习宣传具有教化和风化作用，他那真心诚意、不忘初心、为民服务的行为，使人们心悦诚服、心甘情愿地追随。通过接力沈汝波，为民做好事，塑造一种良好的社会风气，会使社会风气和面貌蒸蒸日上，达到教化和风化的引导作用。接力沈汝波，践行核心价值观，各级党员干部要带头践行，要通过和运用典型深化教育引导作用，深化马克思主义理论是“金钥匙”、是“方向盘”的作用。它会使人懂得，一个人在世上生存，必须想明白我们为什么活着，怎样活着才有意义，它教给我们看问题的正确立场、观点和方法。因为看问题的立场观点不正确，就是专业知识再多，也可能发挥不了多大作用。一位将军是这样总结的：

学习思考最重要，学习思考是汲取知识、丰富思想的源泉和途径，不善于学习思考，我们就难以有所长进；敬业奉献最光荣，干一行、爱一行、精一行，自己的存在，能够给社会、给他人带来温暖和方便，这是最光荣的事儿；求真务实最科学，一切从实际出发，是最科学的工作方法，朴素的是伟大的，实际的是科学的，不切实际的幻想和花里胡哨的忽悠是不科学的。有人说，一个天天做好事的典型，学习这个能有多大作用？一个人做一件好事不难，难的是天天做好事，而且一做就是 39 年，沈汝波这个典型的精神作用是巨大的。经济社会的发展过程中，不能忽视精神力量的凝聚，因为精神力量可以提高人的素质和思想觉悟，使之树立起正确的世界观、人生观和价值观，由此产生敬业精神、吃苦精神、奉献精神、牺牲精神、奋不顾身精神。这些精神转化作巨大力量，什么奇迹都能创造出来。

现在，领导干部工作日志制度一直在实施过程中，全市每个领导干部每天都在写工作日志，有的每月阅批工作日志，《秦皇岛日报》定期推出“透过日志看作风，领导干部工作日志展示”专版，还有系统配套的工作日志管理办法与结果运用，这些都是市委着力提高领导干部意识形态能力的方法措施。可以说，一项制度、一部片子、一个典型都是我们在工作实践中的具体事例。实践中，要注重把干与记紧密结合，记与思紧密结合，思与行紧密结合，不断提高意识形态鉴别力、意识形态学习力、意识形态思考力、意识形态创新力、意识形态表达力。其次，领导干部要坚持把推进经济社会发展与政治生态优化结合起来抓，保障深化改革的政策措施落实落地，带头讲公道正派，让人民群众感受到公平正义。

（原载 2017 年 9 月 11 日《秦皇岛日报》）

社会文明需要引领

据报道，2017 年 6 月 1 日，市委书记孟祥伟主持座谈会专题研究线路私搭乱拉问题，并明确提出了三点要求。其实，私搭乱拉“蜘蛛网”式的线路，不仅影响一座城市的形象，也显露了一个地方的社会文明程度。私搭乱拉线路需要彻底整治，社会文明也要不断引导。

党的十八大以来，通过广泛开展中国特色社会主义和中国梦宣传教育，大力培育和践行社会主义核心价值观，扎实推进思想道德建设，学习宣传各类先进典型，着力丰富群众精神文化生活，国民素质和社会文明程度明显提升。秦皇岛在实施“文明铸市”战略中，注重夯实文明之基，打造文明之标，厚植文明之本，铸就文明之盾，注重突出思想引领，突出正风化人，突出正本清源，突出正确导向，这些都是引领和规范社会文明的重要举措。

政治文明是社会文明的基础，也是文明建设的火车头，各级党委作为精神文明建设的主体责任者，要尤为重视，千方百计做好这方面的引领和规范工作。看完电视剧《人民的名义》，易学习的形象在我脑海里挥之不去。其实我们的身边有不少这样的干部，大多默默无闻，他们不会钻营。我想随着社会文明程度的提高，这样的干部能更多地得到人民的拥护和组织的认可。看南方周末《中县“政治家族”现象调查》的报道，启示决策层要更深入地了解基层，政治生态的优化，社会文明程度的提高，需要持续不断的引领和规范，需要持续不断地抓，壮士断腕地管，一句话：任重道远。

当前，社会文明推进工作中，要十分重视引领和规范环节的落实，个别部门的特权思想还不同程度地存在。现实生活中，还存在着好人贬值、见恶不愤、见义不为、坑蒙拐骗等现象，这是阻碍社会文明提升的主要因素。在北京卫视《我是演说家》节目中，曾听说过这样一个观点：我能为这个社会做些什么？最简单的方法就是，坚守自己，不让自己变坏！焦裕禄的一生都坚持着共产党人实事求是的观念，坚守着党一切为了群众的宗旨，不为功名利禄所诱惑，不因环境困苦而改变，这样的坚持本身就是一种伟大。

还有一些社会现象，比如银行缺少如厕服务，只见群众呼吁，不见有人落实的问题；比如过度包装造成资源浪费和城市垃圾问题；比如杜绝舌尖上的浪费，共建绿色低碳的文明生活方式问题，这都需要高树社会文明的大旗，加以引导，加以解决。人人向往文明，但社会文明的发展前进需要一步步科学引领。

（原载 2017 年 6 月 6 日《秦皇岛日报》）

让创新在全市蔚然成风

在创新、协调、绿色、开放、共享这五大发展理念中，创新是第一位，因为创新是引领发展的第一动力。

学习孟祥伟书记在中国共产党秦皇岛市第十一届委员会所作的题为《决战决胜全面小康，坚定不移走好新路，为建设沿海强市、美丽港城和国际化城市而团结奋斗》的报告，感到从思想动员、战略部署、路径设计等方面都体现了创新发展的理念。首先，战略上的创新。决战决胜全面小康，坚定不移走好新路，首次提出了秦皇岛要朝着国际化城市迈进的宏伟目标，定位了全面建成小康社会，建设沿海强市、美丽港城、国际化城市的三个台阶式发展目标，向三大台阶迈进的具体抓手就是实施生态立市、产业强市、开放兴市、文明铸市的发展战略。其次，方法和管理上的创新。“河长制”的成功实施提高了生态立市的核心竞争力，工作日志制度成为全市领导干部学习和干事创业的记录表和成绩单，“五到四从四多”“两式两化”“四位一体”的落实机制使全市上下干事创业的氛围日益浓厚，简单做人、认真做事、常委带头、事争一流的要求将成为全市各级领导干部的行为规范和为政准则，明责任、见行动、出成果给全市上下勾画出了任务书、路线图和时间表。最后，路径和细节上的创新。实施生态立市，打造京津冀生态标兵城市；实施产业强市，打造新型现代产业体系；实施开放兴市，提升城市国际化水平；实施文明铸市，把增进人民福祉作为目标。提出以发展论英雄的看发展实绩、看服务成效、看突出表现、看工作日志的“四看”干部考察法。在要求各级领导干部做到思想简单时，讲到这样的细节，只要把心放正了，时时处处凭良心说话，按党性办事，按事物发展规律办事，心底无私，襟怀坦白，就没有什么可顾虑的。做到人际关系简单，讲原则守底线，梳理朋友圈，净化社交圈，构建清清爽爽的同志关系、规规矩矩的上下级关系，同志之间成为诤友、益友、谅友，合心聚力为秦皇岛的发展共同努力。

习近平总书记指出，适应和引领经济发展新常态，推进供给侧结构性改革，根本要靠创新。贯彻落实市党代会精神，要把创新发展的理念落实到实实在在的具体工作中，落实到争创全国文明城市的一天一事里，落实到第二届全省旅发大会的备战中，落实到目前全市上下全力推进的“双违”整治一线上。各级领导干部都要把思想简单、物质生活简单、人际关系简单的要求，严谨求实的作风，尽心竭力的态度，持之以恒的毅力，落实到简单做人、认真做事上，在落细落小，真正落到具体行动上下功夫。坚持在一个个难题的破解中，一项项任务的落实里，一点点具体的发展变化上体现和检验能力的创新、思维的创新、方法的创新、措施的创新，不断学习和提升创新的能力，向创新要动力。实践一次次证明，抓住了创新就抓住了牵动经济社会发展全局的“牛鼻子”。全市上下、各级干部、各行各业要深入贯彻落实党代会精神，真抓实干，事争一流，让创新贯穿工作的始终，让创新在全社会蔚然成风。

（原载 2017 年 4 月 18 日《秦皇岛日报》）

如何强化问题导向

什么是问题导向？简单说，就是以解决问题为方向。2017 年 3 月 3 日，孟祥伟书记在参加昌黎县委常委班子民主生活会后，对新一届昌黎县委常委班子提出了要求，第一点就是强化问题导向。他说：“问题是时代的声音，也是进一步完善提升自己的阶梯。”那么，全市各级领导干部如何按照市委要求，强化问题导向呢？

要有问题意识。看全国两会报道，听委员代表精彩发言，有个叫周新生委员的《尽量让国人不求人少求人》的 8 分钟发言，引来掌声不断。他说，在我们国人的生活中，生老病死都要求人，生得好要求人，病了治得好要求人，死了烧得好要求人，埋得好要求人，上好学要求人，找工作要求人，调动工作要求人……原本正常靠制度、靠法规应办的事变得几乎事事求人，形成了求人者求人，被求者也求人，求人者也是被求者，相互交织的一幅壮观的中国式求人画卷。他建议通过加大民生投入，完善各项制度，使国人尽量生活得轻松一些，少求人。在网上查了一下全国政协委员周新生，他是一个省的审计厅副厅长。听了周新生的发言我在想，各县区两会也刚刚开过，我们的代表委员是不是都尽到了职责和义务，开动脑筋，结合实际，提出带有问题导向的意见建议、议案提案，真正为发展建言献策；我们的各级干部在工作实践中，思维里有没有问题意识，是不是敢于正视问题，把问题作为改进工作和完善制度的机遇。其实哪一项工作都不可能一帆风顺，哪一个行业都存在困难和问题，关键是要在实践中善于观察，勤于盘点，经常总结研究问题的内在规律和解决方法，通过现象看到本质，善于抓住主要矛盾，破解工作难题，实现重点工作突破。

要有平民情怀。各级干部要时常体察一个普通百姓的作息行止，为经济发展和民生改善尽心尽力尽职责。比如车辆剐蹭事故的快速处置问题，经常看到的情况是两车剐蹭后，忙着打电话找人，一会就是亲属朋友两大堆人，个别的还找来了社会闲散人员，使本来就不大的小事故演变成争吵打架，个别的还发生二次伤害。事故快速处置有流程和规定，特点就是要“快速”，尽量减少人为造成的车辆拥堵现象，但现实情况是因车辆剐蹭引起的道路拥堵现象经常出现，我们的相关职能部门能不能认真研究这些老问题，真正让快速处置“快速”起来。我所工作的县城大众浴池有几十家，但节假日想洗个舒心的澡不容易，为什么？因为浴池里的搓澡工大多不会搓澡，是没有经过任何资格培训的安徽农民工，常常不是搓轻了就是搓破了，有人经常因为节假日洗个澡被搓破皮肤，难受很长时间。这些实实在在的民生问题，我们相关的职能部门都知道不知道？知道了都作为了没有？可能有人认为这些都是小事，但人民群众生活的真实就是在路上、在菜市场、在学校、在公厕……当前随着物质生活水平不断提高，社会文明程度、生产生活的方便程度，已成为左右人们幸福感的主要因素。

要有创新精神。发现问题，解决问题，触及灵魂，总结经验，举一反三，努力把各项工作做得更好。现实中，解决问题除了要有一股毅力和韧劲外，还要选对用好思维的钥匙，以科学的、切合实际的、有效率的思维和方法解决遇到的问题，要用新视野审视新变化，用新办法解决新问题。比如说在选人用人上如何破解圈子问题，树立正确用人导向，匡正选人用人风气，严格执行相关制度规定，我认为需要先分析圈子的形成渊源。有个电视节目中播出这样一段话：“中国人在上饭桌时，你推我让，但一到上公交车时，你挤我攘，全是另一副面孔。”其实，这是国人的交际形成的老习惯，就是只把熟人当回事。因此，对人才的识拔，也往往限于熟人，圈子就形成了。只有把这些都研究明白，结合法规制度和实际情况，有针对性地解决这些个性问题，才能创新性做好选人用人工作，不然好多制度和规定只能在一片落实声中落空。

（原载 2017 年 3 月 14 日《秦皇岛日报》）

撸起袖子加油干关键在“干”

新的一年，征程已经开启，梦想已经上路。习近平总书记在新年贺词中为大家指明了努力方向：“撸起袖子加油干”。

干才能梦想成真。办好秦皇岛的事情，责任在干部，办法在实干。过去的一年，通过抓领导干部工作日志制度，全市领导干部的学习、思想、作风有了很大转变，领导干部的担当实干精神成为全市经济社会快速发展的引擎；通过实施“河长制”，对市域 17 条河流进行综合开发治理，确保了入海河流水质持续好转，为生态立市注入了发展活力；通过持续推行心想到、脚走到、眼看到、手抓到、要求做到，从我做起、从现在做起、从本职工作做起、从一点一滴的日常具体事情做起，和多走一千米、多问几个为什么、多干一份活、多说一句话的“五到四从四多”工作法，推进了决策务实、谋事求实、工作落实。

实施“四市战略”，做好市委十一届十次全会确定的十个方面工作，需要每个人付出艰苦努力，用实干托起梦想。自然生态是秦皇岛的立市之本，政治生态更是秦皇岛的发展之基。形形色色的潜规则，大大小小的关系网，仍然是制约和影响发展的主要因素。要大力倡导领导干部深入基层，亲自摸实情，治本在得人，得人在慎举，慎举在核真，一个“实”字重若千斤。要扎实有效地把选人用人制度和规定落到实处，太平官看不见真蚂蚁。毛泽东同志曾经说过，站起来看不见蚂蚁，一蹲下又到处都是蚂蚁。各级领导干部要做到脚上有泥身上有土，善于在一线发现和识别干部，善于在现场发现趋向性问题。2016年出台的《关于防止干部“带病提拔”的意见》中指出，要坚持经常性、近距离、有原则地广泛接触干部，多渠道、多层次、多侧面识别干部，及时掌握干部的德才表现、主要情况和群众口碑，注重了解干部在重大事件、重要关头、关键时刻的表现，准确评价干部优劣，及时发现问题。但现实情况是，有些县区的主要领导在一个地方任职几年，连科级干部都认不全，怎么能做到好中选优？怎么来防止干部“带病提拔”？解决好选人用人中的这些问题，是保障整个队伍加油干的关键环节。

怀愚公之志，尽担当之责，靠实干顶起自己头上的一片天。民情千差万别，民忧千头万绪。实干没有统一的套路和答案，要坚持具体问题具体分析，抓好落实，用我们的辛苦指数换取秦皇岛的发展指数和人民的幸福指数。实干也讲创新方法。有的县区为带动干部看党报，县委带头办起了党报阅报栏；海港区城管为制止乱写乱画，与电信、联通部门联合，让写在墙上、画在杆上的电话和手机号码立马停机，有效治住了小商小贩乱写乱画搞推销的行为。实践告诉我们，实干才能解决问题，实干才能推动发展，实干才能体现价值。愿我们每个人都用实干书写自己的精彩人生！

（原载 2017 年 1 月 10 日《秦皇岛日报》）

用好党报阅报栏这个窗口

前不久我在山西临汾的一个小县城，看到县委大院东临街从南到北设置的通排阅报栏，气派透亮，不少人围站在那里看各级党报。县委大楼对面的文化活动中心大院，也设置有阅报栏，一些人驻足观看。站在这两个阅报栏前，人们阅读到的不仅仅是各级党报的新闻和信息，还有对县委形象发自内心的尊重。

由于在宣传部门工作曾经负责过几年县里的党报党刊征订，“两个上升和一个下滑”在我脑子里挥之不去：征订数量要求年年稳中有升，省市级党报征订价格不断上升，而阅读党报的人数却不断下滑。针对这一实际情况和党中央全面加强党的建设的要求，新形势下应该怎样既抓好党报征订，又抓好党报使用，真正发挥好党报的作用，是我们必须认真对待的问题。

习近平总书记指出，全党同志一定要善于学习，要有本领不够的危机感，以时不我待的精神，一刻不停地增强本领，只有全党本领不断增强了，“两个一百年”的奋斗目标才能实现，中华民族伟大复兴的中国梦才能梦想成真。

现在虽然新媒体发达，但党报仍有其独特的政治性、思想性、权威性、先进性优势，是党员干部学习的良师益友，人民群众致富的学习工具。充分学好用好党报，县委要发挥执政兴国一线指挥部的作用，从建好用好党报阅报栏这个窗口做起，注重引导，带头实践，带动形成阅读党报、学习党报、用好党报的浓厚氛围，务实创新地用党报推动全党全社会的学习和发展。

阅报栏，党的建设的窗口。牢固树立党章党规党纪意识，坚定不移推进全面从严治党，各级党报党刊就是全党同志学习提高的活教材。如何引导规范各级党员干部看党报学党报，县委门口的党报阅报栏就是一个良好的引导方式，就是标杆。省市党委宣传部门有责任支持和督导党报党刊不断提高质量。各级党委政府要协调相关部门尽力在新华书店、图书馆、文化馆、科技馆以及人员密集和阅读方便的地段设立阅报栏，协调在宾馆、民航局、铁路局、客轮局、电信局、邮政局、银行、保险公司、证券交易所等人员流动较大的公共场所，摆放一定数量的党报党刊，注重保留和增加城市零售报亭。

各级党组织、宣传文化部门、党报党刊要强化责任意识，带头建好、办好、用好各种阅报栏，党报单位要把读报、评报作为提升报纸质量的一项措施，不断拓展党的声音的传播空间，不断提高党报党刊的宣传质量。

阅报栏，城乡文化的窗口。随着社会经济的快速发展，文化事业发展在个别地方刮起了贪大求洋风。个别地方一说抓文化就是要抓大文化产业项目，规划投入资金规模都是以亿元为单位，建千亩文化园区，弄特大文化广场，决心大、材料厚，却忙活多年不见成效，除了一级一级玩文字游戏外没看到建起群众喜爱的文化场所。还有的地方为了忙一些虚无缥缈的文化产业项目，反而没有精力抓管现有的文化事业和企业单位发展，致使一些党报党刊质量不高，人们不愿意看。在智能手机、网络日益发达的今天，阅报栏依然是城乡文化建设的一个重要阵地。党报党刊不能坐等支持和帮助，要依托自身优势创新发展，积极与旅游景区、名校名企联合，主动帮助帮扶单位、文化示范村、美丽乡村，建好、办好、用好党报阅报栏。邮政企业、文化单位有责任、有义务走在建报刊零售网点、增加城乡报刊亭数量的前头，新华书店、图书馆、文化活动中心等要成为建好、办好、用好党报阅报栏的重要阵地和场所，认真负责地带领和引导人们常读报、多看报。

阅报栏，提升文明素质的窗口。市民的文明素质决定城市的文明程度，而文明素质的提高需要长期的教育引导和社会规范，小小阅报栏不仅是传播现代文明的重要渠道，而且还是物质文明和精神文明建设的重要阵地。党政机关对阅读党报气氛不浓的现象不能不闻不问，要结合“两学一做”学习教育开展读报、评报活动，建好、办好、用好党报阅报栏。基层党组织对党报来了无人翻阅，原封不动放墙角的现象不能无动于衷，要采取有力措施，建起、办好阅报栏，发挥好党报的作用。对于每天能带给我们精神力量的党报，不读不看是一种严重的浪费。每名党员干部都要做学用党报的模范、传播党的路线方针政策的宣传员。重视阅报栏建设，建好用好各种阅报栏，是新形势下加强精神文明建设的主要抓手，阅报栏文化对于增强城市文化氛围、改善城市形象和引领社会风尚都具有十分重要的意义。精神文明建设工作部门要发挥统筹、协调、指导、督导作用，把党报阅报栏建设工作作为一项长期任务抓实抓好，用党的方针政策和社会主义核心价值观引领社会主义精神文明建设，注重窗口引导，注重以文化人，发挥先进典型和党员干部的带动作用。用阅报栏这一窗口，推进公民道德、社会公德、家庭美德、个人品德建设，开创社会主义精神文明新风尚。

（原载 2016 年 12 月 21 日《秦皇岛日报》）

练好调查研究基本功

最近，我看了一部长征期间的影片，对一个细节印象很深：每打大仗之前，许多指挥员为了决好策，反复研究情况，时常是几天几夜不睡觉，把眼睛熬得通红，有的为了更深入地了解情况，还亲自到阵地前实地侦查。毛泽东同志当年在井冈山搞调查研究的经历和做法，就很值得我们学习和借鉴：从 1927 年 10 月他率领中国工农红军来到井冈山，到 1929 年 1 月离开井冈山的短短一年零三个月时间内，就有《永新调查》《宁冈调查》《寻乌调查》和《兴国调查》等。其次是他调查的时间长，仅寻乌调查会就开了 10 多天。三是他调查的人员广，在寻乌，不仅调查了县商会长、杂货店主、铸铁工人、县署钱粮办事员，还调查了开过赌场的老童生、做过小生意的乡苏委员、秀才出身的小学教师、年轻的区政府主席、自治研究所毕业的缝工等 10 多人。四是他写出的调查报告翔实、真实，一份寻乌调查，就有 8 万多字。

无论战争年代还是和平时期，无论打仗还是发展经济，调查研究都是做好领导工作的一项基本功，调查研究能力是领导干部整体素质和能力的一个组成部分。习近平总书记指出："调查研究是谋事之基，成事之道。没有调查，就没有发言权，更没有决策权。"调查研究就是深入现场进行考察，以探求客观事物的真相、性质和发展规律的活动，是人们认识社会、改造社会的一种科学方法。只有深入调查研究，才能真正做到一切从实际出发。要有针对性，有调查有分析，要坚持实事求是，要听真话，察实情，求实效。调查研究的质量如何，形成的意见正确与否，最终都要由人民群众的实践来检验。要处理好调查与研究两个环节的关系，在调查的基础上进行深入细致的思考，进行一番交换、比较、反复的工作，把零散的认识系统化，把粗浅的认识深刻化，直至找到事物的本质和规律，找到解决问题的正确办法。

现实生活中，也有个别官僚主义者，以工作千头万绪为由，很少搞调查研究，所以在用人或办事上常常出现偏差，有的上当受骗，有的颠倒是非，有的只相信别人的嘴巴和自己的耳朵，把认真看一看就真假分明、优劣立见的事弄成一锅粥。

领导者决策的每个问题，无不关系到群众的利害得失，无不联系到民生和发展，应慎重拍板，科学决策。科学决策就要有科学的思考方法和工作方法，既要发挥机关职能部门的作用，更要自己搞好调查研究。调查研究不能重形式看排场，要把着眼点放在了解实际、掌握实情上。坚持结论产生在调查研究之后，建立在科学论证的基础上。要把实事求是的原则贯彻到每个环节，千方百计听到实话，察到实情，收到实效。

（原载 2016 年 12 月 6 日《秦皇岛日报》）

怀着匠心做大做强葡萄酒产业

“工匠精神”被写进今年的《政府工作报告》，其重要性毋庸置疑。大家已经充分意识到，只有工匠精神，才能令中国制造走上新高度。我市的葡萄酒产业如何才能做大做强，做出特色？2016年10月29日，市委书记孟祥伟专题调研全市葡萄酒产业发展情况时指出，要坚定信心，突出创新的意识、思维、路径，把秦皇岛葡萄酒产业做大做强、做出特色，使其成为我们这座城市的鲜明符号。

一业精深市场才能博大。孟祥伟书记在调研中强调，秦皇岛葡萄酒产业的发展，不能简单模仿或者照抄照搬西方国家的标准，不能与他们进行简单类比，要酿造根植于深厚中华文化，适合国人消费习惯和民族味蕾，洋溢着浓浓中国味道的葡萄酒；葡萄酒产业发展要与城市定位结合起来，紧盯3000多万游客消费群体和生命健康产业，借力发展。

决策者创新意识必将引导葡萄酒产业发展升级。这次调研将为增强信心、突破瓶颈、加快发展注入活力。从2000年8月第一届中国秦皇岛昌黎国际葡萄酒节，到2016年8月份的第十七届中国秦皇岛国际葡萄酒节，十几年里笔者宣传、亲历了我市葡萄酒业的培育、发展、兴起、萎缩、再发展的各个阶段，无数次地走访基地、企业。华夏长城葡萄酒公司陈总的无奈、地王葡萄酒公司赵总的坚守、耿氏酒堡耿总的专注历历在目。同时，在外出异地举办葡萄酒节期间，专门走访过广东、深圳、成都、重庆等地的昌黎葡萄酒销售市场情况。因此我认为，我市葡萄酒产业的兴起发展，需要培育更多的匠心人才。千千万万个具有工匠精神的企业家、种植能手、技术专家、普通工人是葡萄酒产品品质的保障。特别是种植、加工、酿造、销售，这些重点工序环节，都需要一批能工巧匠，每个环节都关乎葡萄酒的品质和发展，十分重要。有人认为，工匠的工作只是机械地重复，这其实是一种误解，工匠的日常工作和精神属性，代表着一个时代的气质，是踏实、坚定、传承与创新的代名词。现实生活中常常遭遇的糊弄，正是工匠精神的死敌，与糊弄一样具有杀伤力的是凑合，和糊弄、凑合如影随形的就是粗制滥造。海尔集团首席执行官张瑞敏说，匠心就是做到极致，需要精益求精、追求完美、不断进取的工作态度。

培育和弘扬工匠精神，需要从一点一滴做起，从拒绝糊弄与凑合开始。我们拥有最适合酒葡萄生长的土地、气候、阳光的条件，但只有怀有匠心的种植者才能种植出最优质的酿酒葡萄；我们拥有华夏、茅台、朗格斯等一批知名葡萄酒企业，但只有匠心团队才能保证葡萄酒质量品牌的长盛不衰；我们拥有葡萄酒产业聚集区、优质酒葡萄种植基地、大中小酿酒加工企业和酒庄、橡木桶厂、葡萄酒瓶厂、研发中心完整的产业链条，链条的每个环节都需要匠心人才，需要高度负责，需要精心衔接，需要以严谨的态度，规范地完成每一道工艺，需要精益求精的禀性，锲而不舍的韧性，锐意进取的个性，这样的匠心团队才是做大做强全市葡萄酒产业的基础。

（原载 2016 年 11 月 22 日《秦皇岛日报》）

管用就是好办法

2016 年 10 月 11 日，中央全面深化改革领导小组通过了《关于全面推行河长制的意见》。我市在这方面走在了全国前面，也已经取得了经验和成绩，人民日报、中央电视台等媒体相继报道了我市实行“河长制”，不让污水入渤海的经验。沿海水质的提升，游人和居民的笑脸，每一条河流与美丽相拥的现实画面，进一步印证了河长制的成功实施，是我市落实生态立市发展战略的好办法。

习近平总书记指出，制度不在多，而在于精，在于务实管用。秦皇岛是沿海开放城市，也是中国优秀旅游城市，生态环境是发展的核心竞争力。近些年，为治理河道和沿海环境，我市历届决策者都费了不少心思，也想了不少办法，做了大量的工作，但效果不是很好，河道和沿海环境一年不如一年。自河长制实施以来，全市河流生态环境开始持续好转，沿海水质稳定向好，今年暑期就赢得了国内外游客的广泛赞誉。据了解，河长制起源于无锡市，时间在2007年8月份，期间国内也有不少地方陆续实施。我市河长制的实施之所以效果好、声势大、群众参与度高，与决策者深入细致的调查研究、反反复复的现场踏查、“五到四从”的配套工作法、“清、护、查、用”及工作日志成套的具体措施是密切相关的。这就是习近平总书记强调的，要增强制度执行力，制度执行到人到事，做到用制度管权管事管人，要搞好配套衔接，做到彼此呼应，增强整体功能。科学的决策、管用的办法从哪里来？从深入调查研究中来，从创新的思路方法中来。实践证明，习惯于用陈旧思维想问题做事情，习惯于沿袭老模式、固守老套路，工作中就会萧规曹随，因循守旧，很难有新突破，更不会有大作为。

河长制的成功实施，使广大人民群众对决策层的科学决策力和解决复杂问题的能力充满信心。河长制取得了决定性胜利，路长制已拉开帷幕。路长制刚刚开始实施，在昌黎就取得了立竿见影的效果。千余辆三轮车使县城交通经常拥堵，交通环境和秩序是职能部门头痛的问题，县里曾几次想取缔都没成功。如今，备受县城交通拥堵困扰的昌黎人民，脸上终于露出了笑容，非法运营的“三车”在街上一下就没有了，城区的路开始顺畅了，满街乱窜的三轮车不见了。一些群众发出如此感慨：“这河长制、路长制解决的都是涉及秦皇岛发展和民生的大问题，谁说疑难问题面前没好法，管用就是好办法。”

（原载 2016 年 11 月 15 日《秦皇岛日报》）

内容具体是网格化管理的基础

为做好创建文明城市工作，我市提出了实行网格化管理，每个网格都明确具体责任人。责任人如何负责，大家如何参与？前几天，《秦皇岛日报》刊发出这么一条标语口号“创建全国文明城市，管住自己的口：不随地吐痰，不口出脏言；管住自己的手：不乱扔杂物，不乱贴乱画；管住自己的腿：不乱穿马路，不践踏花草”。

看完报纸，我为这组实实在在又具体的宣传标语口号叫好。创建全国文明城市是市委、市政府的重要战略部署，也是一场声势浩大的攻坚战，口号、标语、报道既要有宏观的引导，也要有微观的具体做法。就比如类似以上一些具体化的内容，让各类人群一目了然，知道该怎么做。面对全国文明城市的188项测评标准，全市上下除了树起抓创建就是抓发展的意识，强化思想认识，夯实工作作风，进一步落实责任、上下联动外，让内容具体化也很关键。具体化是群众参与的前提，是网格化管理的基础。由于工作关系我经常与基层的群众接触，创建全国文明城市如果开口闭口总讲要提高文明素质、倡导文明行为这些宏观指导性的宣传，有的知道怎么落实，有的还真不知道具体怎么做。如果说把一项项内容细化，具体化，如开好自己的车，别闯红灯，别乱停乱放，这样的宣传效果就会大不一样。同时，内容具体也有助于网格化管理工作的落实。实行网格化管理，每一个网格都有具体责任人，这样既能知道出了问题去找谁，又能及时落实和解决好具体的问题，避免了网格里的问题抽象，互相推诿扯皮。

文明城市创建，不是一两个人的事情，需要大家的广泛参与。所以在制订落实方案上，在宣传引导上要集思广益，力争形式多样，区分层次，有针对性地做好各类人群的引导参与工作。让全社会各类人群都知道如何做、怎么办，自觉从一言一行、一点一滴入手，从力所能及的事情做起，为创城工作出力流汗。

（原载 2016 年 11 月 8 日《秦皇岛日报》）

党员干部要带头讲真话

最近，《人民日报》读者来信版以“你我眼中的教养”为题，连续刊出了七个专版，文章虽短小，但都是作者的亲身经历和所见所闻，鲜活生动，看后如春风化雨一样，让人很受教育，其中有不少文章是围绕提升修养，引导全社会人讲真话来写的。新近下发的全国和省级文明城市创建测评体系，涉及党风政风民风等很多方面的内容，给我印象最深的是要求诚实守信讲真话。党员干部作为一个特殊群体，道德修养、能力水平、文明程度应该走在全社会的前列，做诚实守信的模范，自觉带头讲真话。

党员干部能不能做到讲真话，是党性强弱的具体表现，是对党和人民事业负不负责任，对群众利益关心不关心的试金石。习近平总书记指出，讲真话是党员领导干部真理在身、正义在手和有公心、有正气的重要体现，讲真话是对党员领导干部最基础的要求。党员干部带头讲真话，有一说一，有二说二，以自身的言行营造一个说真话、讲实情的大环境。敢讲真话、说实话，是一个社会的“底色”，是一个地区经济社会发展的“调味品”，是规范引导社会按正常轨道发展的内生力量。讲真话承载的是责任，检验的是党性，反映的是作风，体现的是品行。不可否认，个别党员领导干部干工作、办事情不是从党和人民的事业出发，不是以大局为重，而是为小团体甚至个人谋私利，对上应付说假话，对下哄骗遮矛盾。具体表现为：有的办事不按规章制度来，看来头、看势头、看风头、看甜头，轴承脖子弹簧腰，头上插着试风标；有的为了追求个人和亲属及身边人利益，把黑的说成白的，差的说成好的，有的是事不关己高高挂起，是非面前不开口，滚瓜流油赛泥鳅；还有的是有点权力就张狂，专门欺负老实人；有的甚至业务不懂脾气大，瞪着眼睛说瞎话。

党员干部带头讲真话，还需要加强制度建设，做到辩证地分析，客观地对待，让说假话者没有位置，没有市场，对说假话编瞎话造成损失的要严肃问责。

（原载 2016 年 8 月 23 日《秦皇岛日报》）

一股韧劲抓落实

外地朋友来秦皇岛度假，临返回起程时说：这次来发现有两个变化，北戴河火车站的出租车秩序好，黄金海岸的海水比往年清。

朋友走后，他这番话引起了我的深思。我由于工作原因经常往返于北戴河火车站，可以说火车站30年来的发展变化历历在目。近几年扩建后的火车站环境优美，成为我市的一个对外展示窗口，但出租车的管理一直不尽人意，给人们的印象就是乱。2016年北戴河火车站的出租车秩序让人耳目一新，整个车辆管理十分规矩，进出有序，出租车排队、乘客排队上下车专线专人管理，服务快捷方便，成为一道靓丽风景线。

海水清得益于河长制。17条河流1000多个涉河涉水问题的不断解决，留下了各级领导们一次次徒步踏查的脚印；1764个排污口的封堵，6.3万平方米违建拆除凝聚着各级领导和职能部门干部职工的心血；沿河沿岸村庄对村内垃圾集中清理56万平方米，保障了垃圾不入海……

数字是枯燥的，每一个问题从发现到解决都不是一帆风顺的，有的需要一项项梳理，一次次商讨，一个个攻破。河流管理、出租车秩序、违建拆除、垃圾规范都是反弹性强、繁杂量大的工作，有些可以说是顽症。想做好这些工作，没有持久的力量，没有坚韧的功力，是不可能成功的。“五到四从”工作法的实践让大家相信，滴水可以穿石，铁杵可以成针。

任何事情，在目标确定的情况下，关键在领导，成败在落实，抓落实是领导最根本的职责。抓好落实关键要有一股韧劲，要有不解决问题不罢休、不出成果不撒手的韧劲，不能“靠会议落实会议，靠文件落实文件，靠讲话落实讲话”，要有反复抓，抓反复的韧劲。对照目标和要求，要经常抓，反复抓，往细处抓，往深处抓，才能使好思路和政策不变调。要有胸怀全局，跑好接力的韧劲，持续地抓，持续地干，像接力赛跑一样，一棒接着一棒跑，练就一股顽强持久的劲头。要有高度的事业心、强烈的使命感、旺盛的拼搏力，脚踏实地，善谋实干，出大力流大汗，切实做到真心真意抓落实、实实在在抓落实、全力以赴抓落实。

（原载 2016 年 8 月 9 日《秦皇岛日报》）

让工作日志活起来

记工作日志是工作的一部分，对我们全市领导干部来说应当是很重要的一部分。有人说，领导干部是一本厚重的书，那么通过工作日志，除了能感受到每个人每天的脚步声外，还应该让人品出高尚的品质和操守、较高的才华和能力、良好的作风和状态。

留意生活可以发现这样的现象：农民种地，同样一块地，有的多打粮，有的闹粮荒；工人做工，有的能把产品做成精品，有的则把产品搞成废品。这说明三百六十行，行行有学问。但学问的路径除了勤学勤思以外，方法也十分重要。领导干部工作日志制度实行半年来，我从自己每天记和阅批班子成员日志的实践中体会到，按照市委要求，高标准地落实和执行好工作日志制度，也有个方法问题。

首先要动起来。写实也要力求语言生动，不能死气沉沉就那两段话。干工作、记日志，热情与激情一个也不能少，没有热情不可能做好工作，没有激情不可能有所创造，热情是做好工作的前提，激情是做好工作的动力，热情可催生日常工作不朽，激情可创造不凡业绩。拿起笔杆子来就要思，就要想，因为只有写，才知道书到用时方恨少，才知道思考是写作之母。无思写不来，思之浅薄写不精深，思维的精确性只能来自思考的周密性，而思考的周密性很大程度上只有在写的过程中才能得到完善和提升。动能益高，动能益进，只有动才有生气，才有活力，才能息意皆新、生活常青、天天向上。

其次要结起来。要把所做的工作与记写的日志紧密地结合起来，不能知识是知识，实际是实际，两张皮，不搭界。要用工作实践丰富日志内容，用日志记写推进具体工作。要多深入基层，了解实际情况，多深入群众，了解民情民意，把所学的知识与实践结合产生出新的知识。可以说，在写中结合的过程，是丰富自我、提高自我的重要环节，只有在写的过程中，才能不知不觉使素质得以提高，水平得以提升，从而增强一“领”二“导”的自觉性与自信心，使工作出新、出精、出亮点。

再次要抽出来。日志素材大部分从具体工作落实中来，从破解发展瓶颈中来，有经验也有教训，要善于从具体事务中抽取出带有指导性的工作方法，再从带有指导性的工作方法中抽取出带有规律性的东西。对记写工作日志不能有畏难情绪，只要认真，没有干不好的事情，一开始可从干满干好八小时工作中来，从具体事务的一点一滴中来，逐渐培育自身的记写能力和水平。日有所为，月有所成，几个月下来就养成每天记写的良好习惯。习惯的力量是很大的，它的影响无时不有，无处不在，只要认真，只要用心，工作日志将会使你掌握一个重要的领导方法。邓小平同志很明确地指出："用笔领导是领导的主要方法，这是毛主席告诉我们的。凡不会写的要学会写，能写而不精的要慢慢地精。"

（原载 2016 年 6 月 14 日《秦皇岛日报》）

踏查也是创新

一天，上小学的外甥看着电视新闻问我，踏查是干什么，我说就是走着看。为了把这问题搞得更准确，上班后从电脑上查了一下，百度百科词语解释为：踏查，就是实地查看。钟涛《北大荒踏查记》："踏查工作对开荒者来说，是很重要的一个环节，就像打仗要事先侦察一样。"

近一时期，为提高沿海生态的核心竞争力，市领导们踏查沿海沿河的消息不断增多，下决心治理优化沿海生态环境。其实，细细想来，用干部，干事业，强问责，每一项要务的决策是否正确，关键在于决策者对情况的掌握程度。如何才能更多地掌握真实的情况？正确的思想从哪里来？从调查研究中来，从实践中来。因此，调查研究的方式很重要，就是能否听到真话，掌握实情，指导实践。调查研究的重要性在于，它是获得正确认识的源泉，是科学决策的基础，是理论与实践相统一的桥梁，是领导与群众相一致的纽带。对于调查研究的重要性，毛泽东同志有个著名的论断：“没有调查就没有发言权”。调查研究的方式方法很多，但相比较来说踏查能够掌握更多的真实情况，管用的方法，过去不常用，现在用了就是创新。

踏查，是一种方法的创新。调查研究的方式方法很多，但踏查需要沉下身子深入一线，通过走、看、问，现场了解情况，掌握实情，虽然辛苦点，但能够掌握第一手资料。当前，在这方面存在着一些现象和问题：有的认为工作忙，抽不出身来搞调查研究；有的认为通信发达了，无须调研，打个电话或者发个信息就行了；还有的认为当领导时间长，地熟人熟，用不着调研；有的满足于听汇报、看材料；有的听到存在问题，不是与基层同志一起研究问题的症结和解决的办法，而是一脸的不高兴、不理解；有的是一路走来，点多面宽，蜻蜓点水；有的甚至是情况不明脾气大，搞得基层无所适从。

踏查，是一种作风的创新。懒字当头，怕字当先，对上级的指示照抄、照搬、照转，不可能深入一线详细调研；事无巨细，穷于应付，安于现状，不思进取，不可能有自己的主意和办法。只有在上级精神和本地实际的结合上下大功夫、硬功夫、苦功夫，勤于动脑，善于思考，勤于实践，才能产生创新的思想，卓有成效地开展工作。只有深入群众，躬于实际，埋头苦干，扎实工作，才能使创新的思想落到工作实处。只有心想到、脚走到、眼看到、手抓到，才能把具体工作一一落到实处。

踏查，是领导工作创新的号角。党的十八届五中全会提出的五大发展理念，把创新发展放在了首位，2016年两会的政府工作报告中李克强总理61次提及创新。大众创业，万众创新，各级领导干部更应该率先垂范，走在创新的前列。一次求真务实的踏查是创新，一次次深入细致的调研也是创新，草枯了明年还会绿，但已经是不同的草了；花落了明年还会开，但也是完全不同的花了。生活中有很多有趣而生动的现象，看似重复，其实种种细节已经变化了。建设创新型国家、创新型社会不仅仅指火箭上天、航母下海、火车提速等高科技领域的创新，而是每个人都应立足本职，点滴做起，创新性地做好自己的工作。

（原载2016年4月12日《秦皇岛日报》）

火场就是考场

人生没有彩排，每天都在现场直播；火场没有试卷，但它确实是个特殊的考场。没有任何一次教育、一本书籍对人的教育能比一场山火更加深刻。森林防火，责任重如泰山。

一场山火就是一次教育，也是一次考试，总结回顾救火的经验教训，火场的经历历历在目。火灾面前，领导者第一时间到达第一现场，冲锋陷阵，上前指挥。有了他们的模范带动，火场才出现了不畏惧、不退缩的勇士们，赴汤蹈火、奋不顾身的英雄们，几天几夜不合眼、累得躺在野外合衣而睡着的一幅幅动人场景。火灾面前，职能部门第一时间应该干什么？采取哪些措施？只有平时做好应对突发事件的准备，才能够在关键时刻拉得出、顶得住、过得硬。火灾面前，各界人士、普通群众纷纷为扑火一线送物资、献爱心，不畏艰险、不顾疲惫，把补给物资送到一线人员手中。当然，林子大了什么鸟都有，有的人平时把爱家乡做贡献挂在嘴上，火灾面前，有的怪话连篇，有的传播谣言，还有的被单位派到现场，只为应付差事，拿着铁锹在火场边上看。有的爬到山顶不救火，找个地方躲着，等着别人来换班。

火场就是考场，要考出好成绩，就需要加强平时的刻苦训练。数据显示，我国森林火灾 95% 以上是人为原因所致。一次次惨痛的教训说明，防火必须先防住人。要从护林防火人人有责的角度，广泛开展防火宣传教育活动，提高全员防火意识。要引导林区群众从保护国家财产和保护自己生命财产安全的高度，看待森林防火工作，自觉杜绝一切违法用火行为，形成强有力的群防群治格局。要牢牢把握住野外火源和可燃物管理两个关键，切实加大巡山堵卡、监督检查力度，严管野外火源、严管进山人员，严禁任何人在林区或林区附近焚烧秸杆根茬、烧荒燎堨等，堵漏洞除隐患，防患于未然。

火场就是考场，要考出好成绩，就需要培养精细的作风和习惯。一分部署，九分落实，抓防火工作责任落实，事无巨细，方方面面，考验的是执行力，检验的是持久力，呈现的是精和细。以火源管理为中心的值守制度、巡查制度是否落实，重点时段、重点区域、重点人群是否做了“重点”工作，防火道路、防火阻隔、防火水源是不是心中有数。比如说监护责任的落实，是不是对精神病患者、智障人员都一一进行了监护责任落实，对中小学生而言，是不是校长、班主任、家长都签订了三方责任书。检查站、巡逻队员、护林员要按区域任务切实认真负责，火情不断就是对各级责任部门责任人责任心的挑战。

火场就是考场，要考出好成绩，就需要强化协调精神和合作意识。协同精神对任何一个组织来说都是不可缺少的精髓，一根筷子容易弯，十根筷子折不断。防火工作也涉及一个协同问题，林业部门以林区为主，民政部门以墓区为主，教育部门以学生为主。协同还在于科学合理的配合，让熟悉地形者带路，让专业人员到一线扑火，做到优势互补，取长补短，收拢五指，攥紧拳头，形成合力。只有共同努力、齐心协力，才能达到防火的目的。

（原载 2016 年 5 月 10 日《秦皇岛日报》）

第二辑

关注民生

民生，
老百姓的生产生活；
关注民生，
以人民为中心发展理念的体现。

服务人民要有久久为功的韧劲

55年的奋战，沙漠变成了绿洲；39年的坚守，用8万余件好事的实际行动实践着当初的誓言。塞罕坝精神和沈汝波事迹启示我们，服务人民要有股久久为功的韧劲。市委书记孟祥伟在学习沈汝波先进事迹座谈会上强调，“接力沈汝波，为民做好事”，要牢牢把握久久为功这个关键点。

沈汝波事迹的一个突出感人特点，不仅仅是在“做”和“实”上，最为可贵的是在“恒”上。无论在军营还是在地方，无论是单位职工还是社区居民，他几十年如一日，即使身患重病仍然坚持为民做好事。39年的无悔坚守，没有坚定的理想信念，没有水滴石穿的劲头，没有持之以恒的品质，是不可能做到的。生活中我们留心观察可以发现，一个人偶尔打扫一次楼道卫生容易做到，每天都坚持义务把楼道清扫干净需要有毅力，一干几十年从不间断就是奇迹。有了这种无私奉献、坚忍不拔的精神，一切服务人民的人间奇迹都可以创造出来。塞罕坝精神之所以伟大，很重要的一个原因就是几代人的持续努力，不计一时之功，不计一己之利，为了长远发展默默付出，无怨无悔，始终做到了功成不必在我，沉下心来抓落实，一张蓝图绘到底，创造出了荒原变林海的绿色奇迹。有人说，服务人民永远在路上，我认为关键要看你在路上干什么。如果是像沈汝波、塞罕坝群体那样永不停息地干，无私奉献地做，那是在真心实意地服务人民。我看到个别人口头上说是要接力沈汝波，为民进社区，但是到社区后不干活，拿着个铁锹、扫帚在小区的路上站着，东张西望耗时间。到点后队伍举着旗撤了，小区的卫生没有变化，道边的草还是那么高那么茂。这样的接力这样的服务，在路上也只能招来骂声。沈汝波的事迹之所以感动人心，就是他真心实意、持之以恒、无私奉献服务人民的行为让人由衷敬佩。39年，14235天，一天也没有停止过，可以想象，这是多么不容易，正是这种不容易才换来了不平凡。一个人如果一心为民、苦干实干、持之以恒，定有收获；如果浅尝辄止，打一枪换一个地方，结果就是一事无成。特别是党员干部，不要为群众做一点事情，就引以为功，期望组织看得见，群众评个好，甚至作为提高待遇的资本。要摒弃满足心、浮躁心和功利心，让自己的人生价值在服务人民的实践中实现，要以沈汝波为榜样，始终不忘初心，持久地奉献，持久地付出，待到功夫尽到时，定会赢得人民和组织的认可。

沈汝波是优秀共产党员的代表，是优秀退役士兵的代表，是优秀市民的代表。全市上下要响应市委号召，把“接力沈汝波，为民做好事”活动推向高潮，从每一天、每一刻、每一件小事做起，把学习沈汝波精神体现在一件件为民服务的善举上，体现在解决问题的实践里，彰显在久久为功的行动中。

（原载 2017 年 8 月 29 日《秦皇岛日报》）

城市走向文明的“金钥匙”

未来发展中，社会文明和市民素质将成为城市之间竞争的主要因素。自觉践行和弘扬仁爱之心、诚信之心、责任之心，让文明从心开始，打开心结，人人动手，我们的城市就会迈向文明。

有一则“铁棒与钥匙”的寓言故事：一把坚实的大锁挂在门上，一根铁棒气势汹汹地来了，但费了九牛二虎之力，还是无法将大锁撬开。这时只见钥匙来了，瘦小的身子钻进锁孔，只轻轻一转，大锁就“啪”的一声打开了。铁棒奇怪地问：“为什么我费了那么大的力气也打不开，而你却轻而易举地就把它打开了呢？”钥匙平静地说：“因为我了解它的心。”俗话说，一把钥匙开一把锁。秦皇岛市文明城市创建工作之所以成果丰硕，群众参与度高，原因是他们不就创城而创城，而是为增进人民的福祉抓创城，真正把工作做到了人民的心坎上。

这把“金钥匙”是什么？是市委市政府强力实施的文明铸市战略和决策。着眼增进人民福祉，强力实施文明铸市战略决策，突出思想引领，突出正风化人，突出正本清源，突出正确导向，着力夯实文明之基；全市全员全域全时共创文明城，开展移风易俗系列活动，着力打造文明之标；开展扶贫攻坚，围绕五大民生问题解决增进群众获得感，着力厚植文明之本；深化社会治理创新，构建政治安全、经济安全、公共安全、网络安全和环境安全的治安防控体系，着力铸就文明之盾；强力实施领导干部工作日志制度，带动了书香机关、书香社会、书香城市建设，推动了全民素质提高，依靠学习走向未来。

这把“金钥匙”是什么？是党员干部“五到四从四多”的工作作风和方法。2017 年 9 月初，《中共秦皇岛市委关于进一步改进领导作风的十项规定》印发，全市党员干部对照建设沿海强市、美丽港城和国际化城市的目标任务，坚持明责任、见行动、出成果，始终践行心想到、脚走到、眼看到、手抓到、要求做到，从我做起、从现在做起、从本职工作做起、从一点一滴的日常具体事情做起和多走一千米、多问一个为什么、多干一份活儿、多提一个建议的“五到四从四多”工作法，在一线掌握实情，在一线寻找办法，在一线解决问题。从河长制的成功实施，到旅发大会沿线项目的精彩纷呈，凝结着各级党员干部攻坚克难、事争一流的作风。他们带领干部群众用日日夜夜的奋战和无私奉献的心血换来了海水的清净，书写出城市的美丽。

这把“金钥匙”是什么？是人民群众对真善美的追求和向往。呵护和追求真善美的行为，营造积极整洁健康的精神环境和刚健有为的思想氛围，是人民群众共同的向往和追求。求真、扬善、审美，激发着人们对新生活的期待和向往。人们追求真善美、鞭笞假恶丑的过程，其实就是城市文明和社会进步的进程。一人一片、一天一事、一鼓作气、一以贯之，在全市倡导实行创城工作“四个一”和网格化管理的同时，树立了39年无私奉献为民做好事的先进典型沈汝波，“接力沈汝波，为民做好事”活动营造了崇德向善的浓厚氛围，向87个贫困村和339个后进村选派1278名干部，到最基层服务群众。同时，市委坚持把经济社会发展与政治生态优化结合起来抓，营造绿水青山的自然环境、公平正义的社会环境，注重把核心价值观贯彻于社会生活的方方面面，有针对性地引导人们用正确的价值观为家庭谋幸福，为他人送温暖，为社会做贡献。

（原载2017年9月26日《秦皇岛日报》）

公厕问题不是小事

一位从小生活在农村的妇女，穿着干净衣服带着对城市的向往，第一次来到一座城市。进城不久，想要小便，走了几条街道也没找到公厕。她也不好意思推开商店或单位的门去方便，更不敢在墙角和树后去脱裤子，实在憋不住就尿到了刚穿上的新裤子里。一泡尿，冲毁了她对城市多年的向往，也把她冲出了这座城市。这位妇女穿着尿湿的裤子，头也不敢抬，坐上班车返回家中，一进门见到婆婆后，泪眼汪汪地只说了一句话："这辈子再也不进这座城。"这是《大国厕梦》书中一个活生生的例子。

厕所问题不是小事情，它是基本的民生问题。近日习近平总书记作出了主要指示，强调要坚持不懈推进"厕所革命"，努力补齐影响群众生活品质的短板。城市公厕的重要性是多方面的，它在推进城市运行，保障社会活动，方便公众生活，丰富城市文化等方面都有着重要的作用，但最基本的作用是服务场所。让公厕使用更方便、更卫生、更舒适，是公厕更本质、更完善的功能要求。然而现状情况是“如厕难”在城市中普遍存在，公厕少、脏、差、偏的问题突出。

小厕所，大民生。谈及公共厕所，很多人的感受不佳，有的地方高楼大厦建了不少，但找个公共厕所却很困难；有些地方在城市发展中，不但没有新建公共厕所，还把原有的老公共厕所拆除搞了开发；有的城区人口密集，城市化推进了多年，但城中没有一座标准的公共厕所，城区公共厕所脏乱差，有的公共厕所是群众每天在“捏着鼻子”用。其实，公厕为大众使用，无论城市是否发达，都应建设标准公厕，彻底解决城区中存在的“入厕难”问题。一座城市有没有标准化的公厕，是衡量城市文明程度的标志；公厕管理得好不好，是衡量城市管理水平的标志。

有问题，就要抓。公厕的建设、提升、管理是一个系统的工程，也是民生领域群众反映强烈的问题。相关领导要专门安排时间，亲自带上有关部门同志到自己城市的公共场所和大街小巷走一走，问一问，看一看，有多少公厕，缺多少公厕，哪些地方还没有公厕，哪些地方有公厕却长期锁着门，哪些地方的公厕已经“地雷”

遍布，进不去人。老老实实地踏查一遍，结合实际，真抓实干，有针对性地规划建设一批标准化公厕，改造提升一批老旧公厕，特别是在人口密集区或繁华临街部位，千方百计增加公厕数量，真正从人民群众的生活需要出发，把“厕所革命”一抓到底。

（原载 2017 年 12 月 5 日《秦皇岛日报》）

要让孩子知道沈汝波是谁

十九大报告中指出，要全面贯彻党的教育方针，落实立德树人的根本任务。立德树人是教育的根本，落实这一任务，要注重从娃娃抓起，从身边的好人学起，让孩子知道沈汝波是谁。

眼下，秦皇岛市“接力沈汝波，为民做好事”活动已开展了三个多月。一天，我问上小学四年级的侄女：知道沈汝波是谁么？孩子还真不知道。我了解到老师和上班的父母都没教过的情况后，把沈汝波开理发店自学按摩推拿技术，为群众免费理发、按摩，购置修车疏通管道工具放在店门口，免费供顾客和路人使用，义务清理小区垃圾，打扫楼道，39 年坚持做好事 8 万余件的小故事，一一讲了讲，侄女听得十分认真。

秦皇岛市委在关于向沈汝波同志学习、深入开展“接力沈汝波，为民做好事”活动决定的通知中要求，活动的精神要义是“做”，关键是突出一个“实”字。由此我在想，全市上下在活动的推进中，一定要把中小学这块阵地重视起来，让这些身边的模范典型人物，真正成为学校德育教育的“活教材”。2017 年 10 月中旬，我在昌黎县政府网站上看到这样一条消息：朱各庄镇大樊各庄完全小学开展“学习沈汝波，争做好少年”活动，学校利用主题班会学习沈汝波的事迹，师生们通过学习、咏诵、讲述沈汝波一个个感人故事，号召学生们争做沈汝波式的好少年。

立德树人从娃娃抓起，需要学校与家庭相结合。老师和家长携手，多向孩子灌输健康向上有益的东西。从小事做起，从身边事做起，要坚持把身边的典型模范人物作为德育教育的内容，与政治思想品德课程结合起来，把推崇凡人善举，彰扬善人善行，弘扬良好风尚，融入到教育的点滴过程中。立德树人和素质教育的提高，要坚持以人为本，不能急功近利。改变人们意识中存在的望子成龙的浮躁思想，把望子成人作为教育的首要目标。我国知名学者易中天认为，教育别望子成龙，要望子成人，成什么人？真正的人，标准是八个字：真实、善良、健康、快乐。

市委书记孟祥伟指出：“秦皇岛不仅要在生态建设上在全国叫得响，也要在人的精神和品德上在全国叫得响。”落实好这一力重千钧、激荡人心的目标要求，需要全市上下共同努力。榜样的力量是无穷的，对一个好人的感佩和看齐，可以让一个地方风俗淳厚，可以让世道人心格外温暖，文明花开香满城。同时，立德树人从让孩子知道沈汝波是谁做起，从“接力沈汝波，为民做好事”做起，在深入上做文章，在扎实上下功夫，真正让不忘初心矢志不渝的政治品质、服务群众舍己为人的奉献精神、从小事做起勇于实践的务实作风、生命不息善行不止的执着追求，在全市生根发芽，开花结果。

（原载 2017 年 11 月 7 日《秦皇岛日报》）

矿坑公园是一面镜子

党的十九大报告指出，要加大生态系统保护力度，推动形成人与自然和谐发展的现代化建设新格局，为保护生态环境做出我们这一代人的努力。秦皇岛市昌黎矿坑公园刚刚建设完成，游客们游历在31万平方米的公园里，依次经过立体花园、干扰园、萌发园、葱郁园、再生园艺术景观，既感到游憩休闲乐园的清新舒适，又看到采矿破损山体修复的艰难历程。生态修复成果展示和科普教育文字警示，时刻提醒着人们，绿水青山来之不易，应该倍加珍惜。进入公园的快速路边上，一块块“生态教育基地”的醒目大标语牌子像镜子一样，对照提醒着人们绿水青山就是金山银山。一位来这里采访的资深媒体朋友说：矿坑公园既是乐园，也是一面镜子。

这面镜子照出的是一个理念的转变——变多元发展为绿色发展。这里曾经走过八业立县、六业崛起的多元化产业路径，多年前的挖山采石使熊家山山体出现了大片的裸露山岩，原始生态地貌被破坏，水土流失严重。党的十八大后，当地决策者坚决贯彻落实习近平总书记治国理政的新理念新思想新战略，在产业发展定位时认为：一业精深之路也好，多业并举推进也好，产业发展决不能再以牺牲环境为代价，必须走绿色发展的路子。基于这一发展理念，借势河北省第二届旅发大会，全力对破损的矿山进行整体修复改造，在保证凸显生态恢复效果的基础上，打造成了集矿山文化博览、生态环境保护教育、地质环境修复展示、旅游观光休闲等功能于一体的主题公园。

这面镜子照出的是一个观念的转变——由海向山的全域旅游。作为县域内具有64.9千米沿海资源的沿海县，曾一度有着旅游就是“洗海澡”的认知。在供给侧结构性改革，推动旅游服务业的转型升级中，决策者统一思想、转变观念，积极探索新路，加快旅游业转型升级，坚持由海向山，充分挖掘历史名山碣石山这一资源，向全域旅游目标迈进。2017年年初，规划了创新型国家公园的发展计划，提出将碣石山周边102平方千米区域打造成为碣石国家公园的发展目标，其中矿坑公园和葡萄小镇都是国家公园的子项目。由此打通了山海旅游通道，建设由海进山、由城入乡入村的主动脉，推动从单一的景点向全域旅游的转化。

这面镜子照出的是一个模式的转变——从传统资源向新兴业态发展。建设模式上由单纯依靠历史自然资源，就地取材，向全新创意、融合创建延伸，由自主建设到吸引华夏幸福基业股份有限公司等战略投资者。旅游产品从观光娱乐向休闲度假深度旅游延伸，通过葡萄小镇文创基地建设，推动从提供物质产品向提供精神享受转变。在矿坑公园的建设中，为重塑山体面貌和生态体系，采用 PPP 模式，通过与华夏幸福基业股份有限公司的合作，引进了国际先进技术，对这一区域进行了科学的规划设计与深度改造。时间模式上由一季向四季延伸，由白天向全天延伸，大力发展红酒文化等高端业态，推动从旺季旅游向四季旅游转变。模式一变天地宽，合作共赢拉开了全力打造碣石国家公园的大幕。

（原载 2017 年 10 月 17 日《秦皇岛日报》）

真情传承梦想

当前社会价值取向和思想文化日益多元化、复杂化。党的十九大报告指出，培育和践行社会主义核心价值观，积极做好意识形态工作，发挥社会主义核心价值观对国民教育、精神文明创建、精神文化产品创作生产传播的引导作用，把社会主义核心价值观融入社会发展各方面，转化为人们的情感认同和行为习惯。无数事实证明，弘扬真善美的精神，讴歌真善美的行为，是推进社会公德、职业道德、家庭美德、个人品德建设的有力助手。对于现代人而言，真情既是一种人与人之间团结合作、向上向善的能量，也是中国特色社会主义文化的组成部分，更是人间珍贵情感、人们幸福生活的源泉。

生活中，只要留意，真情感人的故事时刻都在发生着。曾有这么一个拥军支前的小故事，多年过去仍让人难以忘怀：一个一年级小学生，吃过早饭就蹲在鸡窝旁，只等老母鸡咯咯一叫，便把小手伸进鸡窝里，抓起热乎乎的大鸡蛋直奔学校，然后，在鸡蛋上用笔歪歪扭扭地写上一句话：“叔叔，您辛苦了，收下这个鸡蛋吧。”故事是这么小，不到一百字；孩子也这么小，才上一年级；礼物同样小，不过一个鸡蛋。然而，就是这个小故事，让很多人眼睛湿润了。它充满真情，暖人心脾，洋溢着边区人民浓烈的拥军爱国热情。岳母给我讲过这样两件事：一次她去商店，走在她前面的年轻妇女推开沉重的大门一直等她进去后才松手。当她道谢的时候，那位妇女对她说：“我妈妈和您的年纪差不多，我只希望她遇到这种情况，也有人能为她开门。”第二件事是她患病去医院输液，年轻的小护士为她扎了两针也没有把针扎进血管，眼见着针眼处泛起了青包，疼痛时她正想抱怨几句，却抬头看到了小护士额头上布满了汗珠，那一刻她突然想起了自己的二女儿。于是，她安慰说：“不要紧，再来一次。”第三针果然成功了，小护士终于叹了口气连声说：“阿姨对不起，我真该感谢您让我扎了三次。我是来实习的，第一次给病人扎针太紧张了，要不是您的鼓励，我真不敢给您扎了。”岳母告诉她：“我也有个女儿在医院工作，我希望二女儿的第一次扎针也能得到患者的宽容和鼓励。”

目前，社会矛盾和问题交织叠加，社会文明水平尚需提高，这是党的十九大报告中明确指出必须着力加以解决的问题。那么，靠什么维系人与人之间的关系？靠什么创造幸福舒畅的生活空间？唯有真情。真情是高尚人格的展示，真情是忠诚实在的处世，真情是乐善好施的奉献。缺少真情的家庭不会有幸福，缺少真情的单位令人窒息，缺少真情的社会是冷漠可怕的。世间最美是真情，真情是一种品质，为人民谋幸福需要真情，为民族谋复兴需要真情，坚定文化自信需要真情，真情要珍惜，真情会传染。人民有信仰，国家有力量，民族有希望，真情是中华民族传统美德之树结下的硕果，真情是人类奔向美好明天的凝聚液和动力源。

（原载 2018 年 1 月 9 日《秦皇岛日报》）

民生无小事

近日，山西介休新任市委书记丁雪钦自揭家短：投资几亿元建的广场连个公厕都没有。看完这则消息，对照联系一下身边的实际：有的地方高楼大厦建了不少，找个公共厕所却很困难，好不容易找到一个，不是锁着门，就是脏得进不去；有的经过多年努力可建了个喷泉公园，可是一年也不喷水一次，不知道建喷泉的意义何在；有的轰轰烈烈搞老旧小区改造，改造完后的小区立着不少灯杆却没有光亮，一看灯杆里边都没有穿线，成为摆设，灯杆立了几年，小区的百姓骂了几年。

民生无小事，枝叶总关情。近些年，各级政府围绕就业、教育、分配、社保、稳定五大民生现实问题做了大量的具体工作，紧紧围绕就业是民生之本、教育是民生之基、分配是民生之源、社保是民生之依、稳定是民生之盾的民生工作思路，以让老百姓过上好日子为总要求，持续实施民生工程，实现了经济发展和民生改善的良性循环。但是，民生工作既有大型的民生工程，又有非常具体的服务工作，因为它涉及人民群众日常生活的方方面面，实践中既要重视大型民生工程，又要贴近百姓做好工作。习近平总书记指出：“多做一些雪中送炭、急人之困的工作，少做些锦上添花、花上垒花的虚功。”如山西临汾市，近几年在城市建设中始终坚持“三个注重”：注重质量，注重文化，注重民生。公厕就是城市建设标准质量的缩影。到2012年，市区新建标准公厕69座，各县区180多座，全市基本实现公厕标准化建设、专业化管理，彻底结束了没有标准公厕的历史，结束了老百姓掏钱上厕所的历史。同时，他们注重把文化落实在建设的每个细节，在最大的商业街贡院街建设公厕时，为迎合周边商家的经营理念，就把公厕设计成元宝造型，被市民称为“元宝公厕”。学校边上的公厕，适应学校文化环境，将公厕的窗户设计成一副眼镜，旁边建了一座“数字世界”浮雕墙，寓意放眼未来，被人们称为“眼镜公厕”。每座公厕都有一幅对联，如“神仙皆知食为天，人间有谁不方便”“方便不掏钱，百姓有尊严”等，充满了文化气息。同时，在城市建设中注重文化、注重细节，提出了每建一座公厕，带动改善一片环境。难怪有不少游客到临汾旅游，非要在公厕前面留个影。

坚持贴近百姓需要抓民生，坚持从难事急事上下功夫。临汾市贴近民心建公厕，从一点一滴的建设中，重质量、重文化、重民生的做法能给人们以启示。

（原载 2016 年 10 月 11 日《秦皇岛日报》）

别把“一人当兵全家光荣”当口号

报载：2016年8月3日上午，重庆巫山县人武部、民政局和乡镇领导到官渡镇杨林村8组，为该村2012年入伍的战士魏耀兵（2015年荣立二等功）亲属送立功喜报。当腰鼓队在场镇上出现时，老百姓奔走相告，普遍反映很多年没有看到这样的场景了。报道中还介绍，该县每年入伍军人在150人左右，2015年共对108名立功受奖现役军人家属进行了慰问，累计发放慰问金15万元。多年来，该县一直将军人立功受奖工作作为拥军优属的一项重要工作来抓，不断把拥军优属的各项政策做精、做细、做实，营造出了“一人当兵全家光荣，一人立功全村尊敬”的新风尚。

巫山县的这一做法值得称赞，需要学习。时下正值征兵季节，“一人当兵全家光荣”的口号和标语随处可见。据了解，不少地方也像巫山县一样，从扎实做好拥军优属工作入手，让“一人当兵全家光荣”深入千家万户，用一本红色的军属证、一封热情洋溢的慰问信、一张助力军属度过难关的爱心卡、一副暖心的春节对联、一块有特殊意义的光荣牌，把关爱和荣誉献给军属，让军属成为最光荣的人，激发了军人强军报国、献身国防的激情。但也有一些地方，存在着把兵送到部队就完事，优属款需要军属一次次地催找要，部队来立功喜报了，打个电话通知军属自己来领，对军人家庭的实际困难和正常要求能推就推等现象。拥军优属工作既有政策规定，也是光荣传统，关键要看相关职能部门能不能带着感情做工作，是不是尽心尽力做工作。在军队退役人员安置、军人军属优待、优抚对象保障方面切实把政策用好，多做暖人心、稳人心、聚人心的工作。深入扎实开展双拥共建活动，组织对红军老战士、老复员军人、困难退役人员、烈军属等重点优抚对象进行定期走访慰问，充分体现党和政府的关心关怀，把送立功受奖喜报、挂光荣牌匾、贴新春楹联年画作为拥军优属必做的工作，进一步增强军人军属的光荣感和自豪感。

保家卫国子弟兵舍生忘死，急难险重任务解放军冲锋在前，没有人民军队哪有强大的国防。做好拥军优属工作浓缩着责任使命，激发着热血担当，更承载着“一人当兵全家光荣”的郑重承诺。拥军优属工作要在落实落小落细上下功夫，爱国拥军才能成为风尚，既立言又立行，有心动有行动，让我们用实实在在的拥军优属行动奏响“一人当兵全家光荣”的交响曲。

（原载 2016 年 8 月 30 日《秦皇岛日报》）

用心践行“四个一”

文明从我做起，创城人人有责。市委书记孟祥伟在接受河北日报记者采访时说，我们争创全国文明城市的办法，就是全员、全域、全时，干部带头，群众参与，全民创建，并要求全市做到“四个一”。

一人一片，将全市进行网格化划分，一个人负责一个网格，把责任落实到具体人身上；一天一事，每个人每天都要为提升城市的文明程度做出贡献，事事关乎文明，时时关注文明；一鼓作气，在既有的良好工作基础上，乘势而上，集中精力，全力以赴，力争今年夺得这项荣誉；一以贯之，创城的过程和结果都是为了民生福祉，为了城市的长远发展和全市人民的共同利益，必须一以贯之地进行下去。

按照市委这一要求，为了让我们的城市更文明，让我们的生活更美好，大家要积极行动起来，用心践行“四个一”。我想无论你从事什么职业，年龄大小，来自何方，只要你生活、工作在秦皇岛这片热土上，就要以主人翁的姿态从自己做起，从现在做起，从本职做起，从一点一滴做起，遵章守法，爱岗敬业，说文明话，办文明事，做文明风尚的传播者；带头遵守公共道德，不在公共场所吸烟和大声喧哗，爱护花草树木，带头遵守交通规则，不乱穿马路，不闯红灯，不乱停车，不乱丢垃圾，不私搭乱建，窗口单位要服务热情，文明周到，做文明行为的践行者；各级党员干部要做表率当先锋，各行各业、各条战线、全市广大干部群众都要行动起来，努力践行社会主义核心价值观，自觉投身到创建活动中，把“四个一”的要求落实到城市创建的点点滴滴、一天一事、一举一动的具体细节里，为推进生态立市、产业强市、开放兴市、文明铸市战略奉献出一份力量。

宣传和文化战线，要牢记职责，充分发挥职能作用，把大力弘扬真善美作为重点，以勤政清廉的官德文化、公平正义的法纪文化、一诺千金的诚信文化、崇良向善的好人文化激励人们的向上斗志，陶冶人们的道德情操，丰富人们的精神生活，全力以赴，为争创全国文明城市营造浓厚氛围。各级领导干部要发挥模范带头作用，在推动各项工作中坚持“五到四从四多”工作法，处处以自身的政治觉悟、思想水平、道德修养、精神境界、务实干劲来影响和带动别人。每个领导干部都应当是一面旗帜、一本厚重的书，应该让人品出高尚的道德和操守、较高的才华和能力、良好的作风和状态。

我们的生活因秦皇岛这座城市而美好，城市因为我们的不懈奋斗而精彩。我们现在的美好生活，正是不断发展的城市给我们提供的依托，城市要想更加精彩，还需要我们全市干部群众不断地奋斗。每一份辛劳，都会为我们的城市增色添彩，每一份热情，都会激发更多人的文明意识和创建责任，每一份努力，都会让我们的城市更加文明。

（原载 2017 年 3 月 29 日《秦皇岛日报》）

最美的风景是人

文明城市的实质，是人的文明；城市人的素质，就是一座城市的气质。创城的过程其实是提高人们修养素质，激励人们向上斗志，陶冶人们道德情操，丰富人们精神生活，从而推动经济发展和社会进步的过程，也是引导人们追求真善美的过程。

我们说“真”，就是用真心，动真情，说真话，听真话，办真事，在全市上下提倡讲真话，做实事，反映真实社会情况，实事求是地开展工作。市委要求各级领导干部在创城过程中，贯彻落实“五到四从四多”工作法，真正深入一线，走到现场，走到问题中间，以高标准严要求发现问题，解决问题。那么我们的各级领导干部就要认真对照一下，看看市委这一要求大家“做到了”吗。不能仅仅局限于“我做了”，而要做到“做好了”，身体力行体现文明展示风采。干部就要“干”字当头，实事求是地把市委简单做人、认真做事的要求落实在创城的具体工作中，用双脚丈量责任，把尽职作为第一需要，把尽责作为第一动力，无论什么情况下，都能做到心思不分散，精力不游移，干劲不松懈，拿出“千磨万击还坚劲”的实干精神，诠释“一片冰心在玉壶”的恒久信念，全力推动创城工作。

我们说“善”，就是人与人之间友善相处，团结互助，讲信修睦，倡导每个人为他人、为社会、为人民谋利益，要对标道德模范，弘扬凡人善举，实现公平正义，构建和谐社会。文明善举体现在市民工作生活的点滴之间，要把一人一片、一天一事的创城工作要求具体化细致化，把公民道德规范、社会公德规范、职业道德规范、家庭美德规范，由表及里，由点及面，让文明行为进社区、进楼道、进家庭，让文明真正走进群众的心里，让文明礼让、助人为乐、保护环境成为群众自觉的行动。用善行美德引导人们讲道德，大力弘扬社会主义荣辱观和核心价值观，推行“守时守信讲规则”“每天阅读一小时”“一天一事”等善行生活方式，多行善举，自觉摒弃不文明行为，自觉抵制不道德现象，在全社会形成我为人人、人人为我的良好道德风尚。

我们说“美”，建设青山绿水城市是美，做文明城市人也是美。秦皇岛是一座海滨旅游城市，壮美山海、历史文化、独特景点都是我们的优势资源，但国内外一些旅游城市发展的经验教训启示我们：最美的风景是人。

市十二次党代会确定实施的文明铸市战略和当前争创的全国文明城市十分重要，没有这一课，就是山水再美，设施再光鲜，一个“人”字站不住，一切只能成浮云。让游人在我们这里能够体验到没有假货、没有宰客的景点，没有花样翻新的坑蒙拐骗，有对秩序的讲究，有人与人之间最起码的礼貌和信任。什么是美？哲人说美是一种感性，诗人说美是一种境界。我认为，如果你是一名领导干部，按照市委的要求简单做人、认真做事最美；在路上，打着警笛的救护车来了，大家能够纷纷礼让的风景最美。相反，开会时领导在前面讲话，你在会场里看手机的场景最不美，出口脏话、乱扔烟头的这些行为不仅不美，而且让大家十分讨厌，是给靓丽秦皇岛市抹黑的行为。有一首歌曾经红遍大江南北，歌里唱道“只要人人都献出一点爱，世界将变成美好的人间”，在当时激励了无数人。在秦皇岛市争创全国文明城市的今天，我们更需要这种奉献精神，这种奉献不应该只是个人行为，一个人的力量毕竟是微薄的，只有人人奉献才能结出美丽文明之花。奉献就是不计报酬的给予，它是一种高尚的品德，一种高尚的精神。

（原载 2017 年 5 月 9 日《秦皇岛日报》）

提高脱贫攻坚的精准度

习近平总书记指出，打赢脱贫攻坚战，必须在精准施策上出实招，在精准推进上下实功，在精准落地上见实效。可见，脱贫攻坚贵在精准，重在精准，成败在于精准。那么实际工作中如何提高脱贫攻坚的精准度呢？看了《秦皇岛日报》2017 年 5 月 4 日头版头条刊发的孟祥伟书记到青龙调研脱贫攻坚工作的报道，受到一些启示。

先到农村住几晚。从报道看，孟祥伟书记这次调研一天半时间，2017 年 5 月 2 日晚 7 时到达高庄村扶贫联系点后，利用晚上时间，实地考察了村庄的环境治理情况，向群众问计，了解推动“四个一千”中群众受益情况。当晚 9 时，主持召开座谈会，与村两委班子成员、村民代表、驻村工作组共同研究探讨脱贫工作，晚上住在了高庄村，第二天一早又开始调研。“先到农村住几晚”，是赵乐际任陕西省委书记时和一批新任领导干部集体任前谈话时提出的，这一要求对于做好当前的扶贫脱贫工作更有针对性，增进与农民的感情，了解民间疾苦，掌握群众的实际生活状况，才能制订出切实有效的脱贫富民政策。到农村住几晚，这个要求看似不高，但现实生活中真正做得到的干部不多，别说市县级领导干部，就是乡镇干部有几个一年能在农村住几晚的？做扶贫工作，谋“三农”发展，对农村和农民需要有深入的了解。贫困是一个社会问题，致贫也是多种原因造成的，与农民的感情拉近了，才能更有针对性地做好扶贫工作。

重中之重是抓教育。现在交通扶贫、医疗扶贫、旅游扶贫、公益扶贫、项目扶贫、对口扶贫等各种扶贫措施都有，但在对症下药、有效解决富起来问题的同时，不能忽视精神扶贫与人文关怀，要挖穷之根，找贫之源，关注关怀农民的思想文化教育，消除农村存在的“读书无用论”流毒，把当前农村儿童辍学问题作为重中之重来解决。现在不少农村年轻人过早辍学外出打工，结婚生子后将孩子送回老家，然后第二代再辍学打工。这条代际传递的贫困之路成了制约农村经济和文化发展的顽疾。因此，要把发展农村教育作为彻底改变个人命运、家庭命运的大事来抓，通过教育增智富精神，是从根本上改变农村面貌的必由之路。

给钱给物不如给个好支部。脱贫攻坚作为“十三五”期间的第一民生工程，基层党组织务必坚定信心，勇于担当，把脱贫职责扛在肩上，自力更生，艰苦奋斗，用自己的辛勤劳动实现脱贫致富。孟祥伟书记在青龙调研中指出，坚强有力的基层组织是实现贫困群众自主发展、长远发展的基石。各级基层组织要把培树农村的新风正气抓在手上，消除农村存在的封建迷信、赌博、红白喜事大操大办等陈规陋习；要千方百计带领群众发展经济，不断增强领导经济社会发展的水平和能力；村支部要把党报党刊这一普及政策和知识的资源充分利用好，在农村兴起读书看报之风，有条件的村支部可以建立农家书屋、书报阅览室、学习宣传栏等，让农民增智明理，用更多农村青年苦干创业的事例和身边典型榜样激活农村农民的思想，破除“听天由命”的人生哲学，让知识改变命运的理念在人们思想中牢牢扎根。

（原载 2017 年 5 月 16 日《秦皇岛日报》）

汇聚的是创城力量

汇万众，有你我，一个《创城有我》的宣传片火遍港城，汇聚成强大的创城洪流；“创城有我，文明大家拍”活动，为全民创城提供了新的参与平台；有勇有谋，热血热心，“豌豆哥”姜凤臣见义勇为的事迹走上了中央电视台，感动了很多人……城市是市民共同的家，每个人都要从自己做起，从一言一行做起，为家的形象增光添彩，让秦皇岛的名气更加响亮。

同住一座城，共爱一个家，调动全市人民群众的创城激情，在全员、全域、全时的创建工作中增强凝聚力。市民文明一小步，城市文明一大步；市民素质高一分，城市形象美十分。广大市民既是文明城市创建的直接参与者，也是创建成果的最大受益者。通过创建跻身全国文明城市行列，秦皇岛将拥有彰显城市综合发展水平和文明程度的最高荣誉，获得最有价值的城市品牌。城市文明是可以转化、可持续发展的生产力要素，是实现经济社会持续快速健康发展的重要“资本”。在创建全国文明城市的关键时刻，每一位生活工作在秦皇岛的市民都要以主人翁的姿态自觉担当，积极行动，从不闯红灯做起，从不随手抛撒垃圾做起，从讲究社会公德做起，从遵循基本规范做起，处处讲文明，时时讲文明，共创文明城市，共享文明成果。创建中社会治安综合治理不断增强，防控体系健全，丑恶现象减少，社会更加稳定，生产生活秩序更好，群众的安全感提升，每个市民都珍爱这个家，我们的城市就会更有品位。创建使出行更便利，卫生更整洁，生态更美好，公共服务体系进一步完善，实现学有所教，劳有所得，病有所医，住有所居，人与人关系更和谐，人与城市和谐发展。人们生活在和谐幸福的环境里，城市宜居、宜业、宜商、宜游，使市民生活更有尊严，更有幸福感。秦皇岛作为国家历史文化名城，驰名中外的旅游休闲胜地，如果成为全国文明城市，将会赢得更多的发展机会，游客会越来越多，人民群众的生活会越来越富足。可以说，全国文明城市创建将是我市建设沿海强市、美丽港城和国际化城市战略中浓墨重彩的一笔。

未来发展中，城市之间的竞争已不仅是经济实力、区位优势的竞争，也是文明环境、市民素质的竞争。让我们珍惜争创文明城市的机遇，坚持文明从心开始，践行和弘扬仁爱之心、诚信之心、责任之心，积极参与进来，遵守道德规范，维护公共秩序，增进人际友善，参与志愿服务活动，把文明在心中、文明在口中、文明在手上、文明在脚下、文明在行动落实在一天一事、一举一动的具体工作生活细节里。文明城市创建，需要大家的每一份热情、每一份努力、每一份辛苦。同时，创城的实践也是提高人的素质、思想觉悟的过程，由此产生的敬业精神、奉献精神、吃苦精神等能转化为巨大动力，什么奇迹都能创造出来，我们要在参与各类创建活动中提高素质，弘扬正气，树立新风，营造出崇尚文明、恪守道德、注重礼仪、热爱公益的城市新风尚。

（原载 2017 年 6 月 13 日《秦皇岛日报》）

用行动累积城市文明高度

港城“活雷锋”、平民偶像沈汝波，生命不息，善行不止，立志一生要做 10 万件好事；以“扬善美家风，创最美家庭”为主题的第二届全市最美家庭评选，102 户家庭获得“最美家庭”称号，11 户家庭被授予“最美家庭标兵户”；以赛车容、赛技术、赛服务、赛公德、赛常识等十赛为内容的“最美出租汽车司机”推选活动正在火热开展，一辆辆出租汽车成为播撒文明的流动窗口。这一个个发生在身边、见诸报端的事件给我们启示：城市的文明从每个市民的行为中来，从每一个家庭的模范带动中来，一个地方的文明高度从你我细微行动的累积中来。

人人都是窗口。外地游客来到秦皇岛，大凡会住旅店、乘出租、逛商场、进景区，时时处处都要与我们当地人打交道。如果进旅店不能宾至如归，乘上出租车不按计价器收费，行在路上偏有人横行霸道，进入景区被兜售土特产的商贩围住。就会让游客给出城市市民素质低下的评价了。同样，如果遇上一件令人满意的事情，自然也会得出相反的结论。我一外地战友来北戴河办事，一见面就说北戴河火车站的出租车秩序好，出租车司机十分热情，北戴河的人真好。听后我心里感到很自豪。战友夸奖北戴河火车站出租车秩序和出租司机，可以肯定地说，他接触到的只是部分北戴河人，而不是全部，他却说北戴河人好，而不是部分北戴河人好。由此可见，我市公民的一言一行，不仅是个人问题，还代表全市的形象，真可谓人人都是窗口。外地人正是通过每一个“窗口”来判断我市整体形象优劣的，作为秦皇岛人要特别注意提高自身文明素质，为秦皇岛增光而不抹黑。

每个人的文明行为都在给城市增加魅力，每一项规范措施的推行也在引导一些陋习和顽疾的一点点改变。比如全市上下开展的声势浩大的整治“双违”专项行动，城市各类线路私搭乱拉问题的整治，户外广告要提升品位和美感，以“深实严细久”的标准整治沿海沙滩环境，提高公益性公墓建设管理水平，对慈善公益类事业要给予更大支持等，市委这一系列措施的推出，是全市经济社会加快发展的需要，也是创建文明城市的需要，更是提高全市人民群众幸福指数的需要。挥手告别陋习，并肩走向文明，秩序和良好习惯的形成需要政策的辅助，也需要每个市民的支持、参与和行动。你我为创城所做的每件事、每一滴汗水都是城市文明提升和发展的印记，每一项措施的推动者、每一个积极的参与者、每一名活动的支持者，都是在为城市文明而行动，每个人的贡献都在给城市积累着文明高度和厚度。城市的容貌和环境每时每刻都在影响着你我的工作生活。牢记价值观，心中有文明；言语要友善，口中有文明；垃圾不落地，手上见文明；崇礼让为先，脚下显文明；万事从小做，点滴汇文明。让城市更加文明和谐，是你我的共同责任，也是所有公民的共同利益。

（原载 2017 年 6 月 27 日《秦皇岛日报》）

给城市规划和建设来个“回头看”

有些工作的“回头看”，结果抽象，表象难显，城市的规划和建设，来个“回头看”，结果会一目了然。

有人会说，我们的城市规划开了多少次会，出台了多少条措施，聘请了级别多高的设计单位。笔者认为这些都不重要，重要的是请定期回头认真看一看我们已建起的城市，规划和建设工作中的建筑、布局、质量都存在哪些问题，及时解决和调整好发展中的问题。

现在城市建设中的规划落实和建设质量，时刻提醒着决策层和相关部门，要认真地定期开展“回头看”，给自己的城市规划落实落地情况“把把脉”，给城市建设中的空间、格局、质量以及居民的生产生活便利度“打打分”。通过“回头看”，检测一下城市的规划和建设，是不是扎扎实实顺应了城市发展的规律，以人为本的城市建设理念，是否真正落实在每个项目、每个小区、每栋建筑、每条道路上。

当前，在个别城市的规划和建设中，居民的居住和生产生活条件虽然得到改善，但整个城市建设缺乏协调性，建筑杂乱无章，存在哪有空地哪里就开发楼盘的问题，体现不出空间、规模、产业、文化的统筹和城市发展特色。有的地方楼越盖越高，但楼房过于密集，居民在小区里感到透不过气；有的地方的快速路越修越宽，但城市里的步行道、骑行道等慢行系统缺少，人们徒步出行很不方便；有的地方面子工程多，利民项目少，大楼和宾馆建了不少，但标准的公厕很难找到；有的地方商品楼开发存在的质量问题不断，甚至出现一房两卖、一房三卖的怪现象；还有的地方存在城市规划、建设、文化等千城一面、贪多求全、盲目求大的现象。我们时刻不能忘记，城市的主体是人，城市的规划和建设是为人服务的。

搞好城市规划和建设“回头看”，有利于及时发现城市规划、建设、管理中的问题，及时改进和纠正存在的问题和偏差。

要深刻认识城市在经济社会发展和民生改善中的重要作用，贯彻创新、协调、绿色、开放、共享的发展理念。坚持以人为本，尊重城市发展规律，统筹空间规模产业三大结构，提高全局性；统筹规划建设管理三大环节，提高系统性；统筹改革、科技、文化三大动力，提高持续性；统筹生产、生活、生态三大布局，提高宜居性。顺应城市发展新形势，人民群众新期待，建设疏密有致、环境优美、特色宜居的城市。

（原载 2018 年 10 月 9 日《秦皇岛日报》）

让孩子自己背着书包上学

在县城工作生活，经常看到不少已上四、五年级的学生，每天上下学家长还在接送，有的干脆连书包都背在家长的身上，到学校门口才给孩子。在全国教育大会上，习近平总书记在讲话中指出，要努力构建德智体美劳全面培养的教育体系，把“劳”字列入全面发展的教育理念。在学生中培养劳动精神，需要学校、家庭、社会的共同重视和努力。当前，中小学生劳动机会少，劳动意识缺乏，出现了一些学生不会劳动、轻视劳动，不珍惜劳动成果的现象，应当引起学校、家长、社会的重视。学校要增强学生劳动观念和劳动习惯的培养，家庭不能只关心孩子的学业成绩，采取只要学习好，什么都不用干的片面培养方式。社会要在学生中大力弘扬劳动精神，教育引导学生崇尚劳动，尊重劳动，懂得劳动最光荣，劳动最崇高，劳动最伟大，劳动最美丽的道理，为孩子长大后能够辛勤劳动、诚实劳动、创造性劳动打好基础。全社会都应当高度重视劳动精神的培养，从孩子日常学习生活的点点滴滴培育劳动意识，增强劳动精神，从让孩子背起书包上学这些小事做起。

上学的路也是孩子成长的路。孩子上幼儿园，父母选择用什么方式面对孩子的一言一行，给孩子树立怎样的行为示范，特别是与孩子的互动方式都决定了孩子行为习惯的早期养成。当孩子上小学后，应有意识引导孩子自己走好每天上学放学的这段路。有的家长不管学校远近，每天都要坚持接送孩子。是让孩子自己背着书包上学，还是家长帮着孩子背着书包，这些看似生活中的小事，对于孩子的成长影响很大。因为孩子成长过程中的安全感、自理能力、责任感和社交意识，需要从生活中获得，从家长和学校的引导中获得。过去老家训里讲，黎明即起，洒扫庭除，就是教育引导培养孩子自己动手的习惯。

同时，还有一个问题需要引起家长和学校的注意，即把以劳树德、以劳增智、以劳强体、以劳育美落实在学习生活的实践中。不少家长在接送孩子上下学的过程中，不遵守交通法规，有的把车停放在学校门口的路中央，有的把电动车或自行车停放在机动车道上，使学校门口人为地形成交通拥堵。这种不遵守法规、不顾别人的行为会给孩子带来不良的影响。品德修养就是在长期的社会实践中，在日常生活的点点滴滴中形成的。中小学门口上下学时间的交通拥堵问题，笔者认为学校和家长都有责任，建议结合培育孩子的劳动精神，引导孩子自己走好上下学的路，在安全有保障的情况下家长不要再接送孩子，让孩子自己背起书包，高高兴兴走好上下学的路。因为上下学的路，本身就是孩子们的成长之路。

（原载 2018 年 10 月 30 日《秦皇岛日报》）

第三辑

舆论创新

创新，
改革发展的生命；
舆论创新，
增强引导力和服务力的
源泉。

让学习触发思考

同样是学习，有的人边学习，边思考，边实践，收获颇丰；有的人心不在焉，把学习当成走程序；还有的为了完成任务而学习，笔记抄写了一大本子啥也没记住，把学习异化为一种形式的东西。

笔者定期参加单位宣传工作例会，从听、看、座谈，研究重点宣传选题的过程中，留意人员业务素质的变化。勤于学习、善于思考的同志写出的文章、做出的节目更受观众欢迎，因为它能给人以新信息、新知识、新思想，所以人们爱看。但也有的同志从事业务工作多年，业务水平没多少长进，最主要的原因是，工作中用心少，学习中思考少。

让学习触发思考，才能使学与用结合起来，较好地推进实际工作。书本上的知识仅仅装在脑子里是不够的，更重要的是融会贯通，善于应用，将知识转化为认识、分析、解决问题的能力，转化为实际技能。每一位同志读书或者学习，都要注意紧密联系思想和工作实际，善于将书本知识运用到实际工作中去，以学习促实践，以实践促学习，使自己成为行业的行家里手。作为一名党员干部，学习是日常工作的一部分，它就像我们吃饭和喝水一样的平常，但是在这最平常中却最能体现出我们的作风和效率。因此，很有必要重新审视一下我们平时的学习，不能走形式，做样子，挂空挡，要注重学习质量，改进学习方法，让学习触发思考，推进工作实效。

让学习触发思考，才能提高做好工作的针对性，推动提质增效强本领。一位作家曾指出，学习实际上给人两种收获：一种是知道自己原来不知道的东西；另一种是触发思考，知道自己本来就有的东西，并激活它。前者是知识，后者是智慧。最近从《人民日报》民生周刊上看到一篇《城市最好的气质是友善》的文章，读完这篇文章我联想到秦皇岛这座城市如何提高友善程度，如何增强气质。持续深入开展好“接力沈汝波，为民做好事”活动，就是一项长效措施。沈汝波是秦皇岛这座文明城市的一个标志，是基层党员的一面旗帜，是我们城市发展路上的一盏明灯。全市上下要通过多种形式，持续地学习沈汝波同志不忘初心、始于小事、久久为功的精神，真正使大家懂得人为什么活着，怎样活着才有意义，如何生活，如何工作，如何为增强城市气质和友善的氛围增砖加瓦。工作是什么？就是改变现状。原地踏步不是工作，重复也不是工作，有突破、有增减、有改进才是工作。同时，做好工作，没有不需要学习的岗位，也没有不重要的岗位，只有不用心的工作；做好工作，需要勤于学习，善于思考，精准发力，不断实践。工作的成效，在于心与岗位的距离，在于学习与思考的结合，在于思考与实践的结合。

让学习触发思考，知识才能彰显力量。知识只有被付诸行动，理论只有被运用于实践，才能变成改造主客观世界的物质力量。学习触发思考的过程，可以让自己的思维变得敏捷，心灵变得崇高，精神变得富有。

（原载 2018 年 5 月 15 日《秦皇岛日报》）

做好新闻舆论工作应有三种精神

“高举旗帜、引领导向，围绕中心、服务大局，团结人民、鼓舞士气，成风化人、凝心聚力，澄清谬误、明辨是非，联接中外、沟通世界。”习近平总书记在党的新闻舆论工作座谈会上，深刻揭示了党的新闻舆论工作的职责和使命，为新时期新闻舆论工作指明了方向。对广大新闻舆论工作者而言，如何将这48字总要求内化于心、外化于行，努力把新闻舆论工作做得更好，笔者认为，关键是要有三种精神。

一是勤奋精神。好新闻都是跑出来的，打磨出来的。做好新闻舆论工作，需要付出大量心血和汗水。没有认认真真、勤勤恳恳、坚持不懈的态度和精神，就无法采写制作出有思想、有温度、有品质的作品。在实际工作中，只有勤于学习，不断获取新理论、新知识，才能适应新形势下做好新闻舆论工作的需要；只有勤于思考，把一个个新闻事实分析过滤、拿准吃透，才能使自己的作品出新出彩，见思想见精神；只有勤于实践，做到腿勤、耳勤、眼勤、口勤、手勤，不辞辛苦、不怕劳累，迈开双腿、深入基层、深入一线，认真倾听和记录群众的意见和呼声，才能在繁杂的素材中确定报道主题，找到最佳角度，更好地讲好故事。

二是敬业精神。敬业，是一种全心投入的精神，是对工作态度和道德的要求，是一个人安身立命的基本素养。对新闻舆论工作者来讲，要肩负起党和人民赋予的职责，做党的政策主张的传播者、时代风云的记录者、社会进步的推动者、公平正义的守望者，必须忠于职守，“专心致志，以事其业”。现实当中，为什么有的新闻工作者能“铁肩担道义，妙手著文章”，创作出大量优秀的作品，感染人、鼓舞人，成风化人、凝心聚力，甚至推动社会进步，而有的则庸庸碌碌、无所作为？差距就在敬业精神上。有了敬业精神，才会主动、执着，才会有锲而不舍的勤奋和努力，才会忘我投入，任劳任怨；也只有这样，才能精益求精，不断创作出人民群众喜闻乐见的精品力作，为党和人民的新闻舆论事业增砖添瓦。

三是创新精神。“苟日新，日日新，又日新”。革故鼎新、与时俱进是新闻舆论工作的重要特征。当今时代，互联网飞速发展，极大地改变了信息传播的手段和方式。

如果新闻舆论工作者因循守旧、不思创新，就会陷入自说自话、无人问津的尴尬境地。在工作实践中，新闻舆论工作者必须大胆创新、持续创新，不断适应时代发展的趋势和人民群众的需求。要按照习近平总书记的要求，创新新闻舆论工作的理念、内容、体裁、形式、方法、手段、业态、体制、机制，增强针对性和实效性。要适应分众化、差异化传播趋势，突出媒体特色，精准定位受众，善于设置议题，做到同样主题、多样传播，取得“大珠小珠落玉盘”的效果，形成全方位、多层次、多声部的主流舆论矩阵，加快构建舆论引导新格局。总之，只要我们多实践、多思考，把创新作为新闻舆论工作的一种常态，就一定能更真实、更生动、更鲜活地讲好中国故事、弘扬中国精神、传播中国声音。

（原载 2016 年 6 月 3 日《河北日报》）

《将改革进行到底》热播的启示

十集大型政论专题片《将改革进行到底》播出后，引起收视热潮。统计显示，全国通过央视屏幕收看这部专题片的观众达到 5.17 亿人次。播出期间，党员干部把收看这部专题片作为每晚“必修课”，许多普通百姓也将之作为“必追剧”，形成了凝心聚力话改革、坚定不移促发展的浓厚氛围。一部专题片引起热播，一定有它发“热”的原因。我认为，这部专题片的热播能给我们以下启示。

旗帜鲜明的思想引领。改革要往哪里走，改革的面有多宽，针对全国上下普遍关心的问题，专题片的定位就是将改革进行到底，思想引领，旗帜鲜明。这部专题片从前到后，紧紧围绕习近平总书记系列重要讲话精神和治国理政新理念新思想新战略展开，充分反映了十八大以来以习近平同志为核心的党中央，以高度的政治责任感和强烈的历史使命感，带领十三亿中国人民攻坚克难、砥砺奋进、扎实推进全面深化改革的伟大实践。专题片始终带着时代的“露珠”，沾着实践的“泥土”，产生出强大的感染力、亲和力和说服力。它给人以信心、给人以力量、给人以希望，把全国人民的思想迅速统一到一个新高度，坚定了将改革进行到底的信心和决心。

贴近实际的精彩讲述。从一个个具体的冤假错案讲到司法改革，从司法改革讲到维护社会公平正义，贴近实际，贴近百姓，自然会引起人民群众的关注。该片从历史之间、人民之间、时代之间“起笔”，到经济、政治、社会、文化、生态、国防军队、党的建设各领域改革“运笔”，再到人民的获得感和幸福感“收笔”，以分集块状，精美画面，以写实、平叙、讲故事的方式，全面、系统形象地对全面深化改革进行全景式、权威性的梳理总结，有很强的思想性和理论深度。专题片从让每个公民都能依法登记户口，彻底解决民生领域的历史遗留问题入手，围绕教育、扶贫、医疗、稳定展开讲述，把公平与质量作为改革的重点，把增进人民福祉作为改革的出发点和落脚点，处处闪耀着以人民为中心发展思想的光芒。

讲好故事的责任使命。《将改革进行到底》这部专题片，既是对十八大以来全面深化改革的梳理总结，又是对全面深化改革的再动员、再部署。画面大气磅礴、精美新颖，解说自然朴实、深入浅出，较好地发挥了专题片在传播党的声音、传播先进文化、引领社会思想方面的重要作用。作为一名工作在秦皇岛市的宣传工作者，我在认真观看研究这部专题片的同时，感到身上有一种沉甸甸的责任。比如，秦皇岛市河长制的成功实施，提高了沿海开放城市的核心竞争力，这一功在当代、福及后代的伟大工程，在实施过程中的故事我们总结宣传得如何。沈汝波 39 年服务人民的事迹推出后，市委号召全市向沈汝波学习，“接力沈汝波，为民做好事”应该如何持续宣传，真正推进活动开展，让更多人行动起来，让更多人成为“沈汝波”，汇聚起文明向上的磅礴力量，推进文明城市创建，加快沿海城市、美丽港城和国际化城市建设。工作日志制度使我市干部队伍学习能力提高，这项制度的强力实施给我市干部队伍及发展带来哪些变化。类似这些发生在身边的故事，该如何深入挖掘，生动表达，精彩讲述，进一步凝聚力量，推进发展。精品力作包含心血，没有专心的研究，没有用心的挖掘，没有全心的付出，是不可能出精品的，所以需要勤奋钻研，敬业奉献，创新务实。

（原载 2017 年 9 月 12 日《秦皇岛日报》）

讲好秦皇岛故事要有三股劲

如何将习近平总书记48字总要求内化于心、外化于行？如何牢记职责与使命，讲好秦皇岛故事？通过学习，经过思考，笔者认为讲好秦皇岛故事要有三股劲。

要有股勤奋劲，努力讲好秦皇岛故事。认认真真、坚持不懈、积极努力地做好新闻舆论工作，才能够采写制作出接地气、有温度的作品来。在路上心中才会有时代，在基层心中才会有群众，在现场心中才会有感动。实际工作中，有的人满足于已掌握的知识，放松了平时学习；有的习惯于直接用会议和活动的第二手、第三手材料改写稿件；有的当了多年记者却没有独立思考问题的能力；有的天天忙忙碌碌，写出稿件、拍出片子，只见作品不见思想；有的只顾埋头干，从来没想过自己做的这一条新闻要传达什么，要让受众知道哪些，要让哪些群体受到启示和教育，缺乏针对性和作用性这些概念。只有勤于学习，不断获取新理论、新知识，才能适应新形势下做好新闻舆论工作的需要；只有勤于思考，把一个个新闻事实真正内化于心，分析过滤，才能使自己的作品出新出彩，见人见事，见思想见精神；只有勤于实践，做到腿勤、耳勤、眼勤、口勤、手勤，掌握实事求是的原则和科学的工作方法，不辞辛苦，不怕劳累，迈开双腿，深入基层，深入一线，认真倾听和记录各方面的意见和呼声，才能在繁杂的素材中确定报道主题，找到最佳角度，提高讲好故事的能力和水平。

要有股敬业劲，精心讲好秦皇岛故事。敬业是一种责任。作为一名新闻舆论工作者，守土有责，有责任精心讲好秦皇岛故事。不少让人看得见、看了信、记得住的新闻作品都是作者尽心尽力、专心致力的结晶。没有强烈的责任感和事业心，没有锲而不舍的勤奋和努力，没有全身心地去发现，去思考，去挖掘，不可能出精品。好新闻来自于敬业者的耕耘和积累，有位新闻界资深记者说过，稿子是记者的血。一篇文字稿件，要做到少一字不够，多一字多余，无可挑剔。文字要做到精、准、实。真实的故事最精彩，百姓的故事最生动。要善于积累，学会取长补短，在比较和思考中提高。实践证明，经常思考问题的人，总认为自己做得还不够，还需要努力的人，业务上才可能不断进步。新闻舆论工作既是职业，是生活的平台，也是事业。所谓成功者，就是在自己的事业上投入多、付出多、收获大的人。

要有股创新劲，生动讲好秦皇岛故事。每天发生在身边的新闻故事有很多，有的由于专业人员能力所限，没有被发现、挖掘出来；有的被宣传出来了，但不够生动。把身边的新闻故事生动地讲出来、传出去，需要能力，需要水平，需要有一双创新的慧眼。只有长期关注，不断思考，经常研究，才有创新的灵感产生。有的同志从事宣传工作，但天天说忙得没空看新闻，更别说研究每天的新闻。创新的“根”在哪里？在学习，在思考，在实践。创新因学习而充实，因思考而深刻，因实践而成熟。新闻舆论工作要在新、活、美上有所创新，做到内容新、角度新、语言活、选题精、画面美，主题鲜明，让事实说话。思考是打开创新之门的金钥匙，思考是源源不断供给创新的传送带，思考是一座掘之不尽的创新宝库。如果我们新闻舆论队伍的每一员，都养成良好的思考习惯，勤于思、善于思、深入思，就能提高创新能力，就能更加有条理、有深度地生动地讲好秦皇岛故事，弘扬秦皇岛精神，传播秦皇岛声音。

（原载 2016 年 5 月 24 日《秦皇岛日报》）

不看党报也是一种浪费

党报是党员干部的良师益友，经常看报，能够学习知识，增长本领，指导工作。但在一些机关、乡镇、企业经常看到的情况是，不少党员干部不看党报，个别单位每天的党报来了以后没人翻阅，原封不动放墙角摞起来，其命运就是被当废品卖了。

订阅党报，光花钱订而不阅不看，实在是一种浪费。我所工作的县一年三级党报订阅款是 344 万元，对于花这么多钱每天能带给我们精神力量的党报，如果不读不看不用，是一种严重的浪费。艰苦奋斗是共产党人的政治本色，也是党的传统作风。树立党章党规党纪意识，坚定不移推进全面从严治党，各级党报就是全党同志学习提高和规范自律的活教材。

党的十八届六中全会把贯彻落实艰苦奋斗精神贯穿于从严治党的全过程，要求全党同志带头勤俭节约，全体党员特别是党员干部要带头树起艰苦奋斗的事业观、价值观和人生观。结合开展“两学一做”学习教育，在践行节约一度电、一张纸、一滴水的同时，也要带头看党报、学党报、用党报。

各级党政机关对阅读党报气氛不浓的现象不能不闻不问，要通过树立读报用报典型，开办各种阅报栏，组织读报评报活动，宣讲党报的政治性、思想性、权威性、先进性优势等措施和活动，引导读报用报，让党报成为推动党的各项工作的有力武器。

乡镇基层组织、企业对党报来了无人翻阅，原封不动放墙角的现象不能无动于衷，要结合艰苦奋斗教育、党性党纪教育、工作日志、学习宣传栏、技能知识比赛，注重引导干部职工学习党报，利用党报，把学用党报与贯彻落实十八届六中全会精神相结合，把学用党报与学习习近平总书记系列重要讲话相结合，把学用党报与践行艰苦奋斗精神相结合。

宣传文化部门要发挥职能作用，走在学好用好党报的前列，发挥党报在学习教育、文化建设、城市创建中的作用，让新华书店、图书馆、文化馆、文化活动中心等场所成为人们学报用报的重要阵地。

党报单位也要主动作为，不断提升报纸质量，主动与帮扶单位、旅游窗口单位、名校名企联合，建立举办各种党报阅报栏、报刊亭、学用党报示范点等，引领全社会形成读党报、爱学习的社会新风尚。

各级领导干部要从加强党的建设，确保艰苦奋斗精神落到实处的高度，重视当前党报订阅中存在的只订不看，订得多看得少的问题，分析原因，制订措施，杜绝身边的浪费，从自己做起，从带动身边的人做起，从落实具体引导措施抓起，做学用党报的模范，做传播党的路线方针政策的带头人。

（原载 2016 年 12 月 20 日《秦皇岛日报》）

从读《领导考察的时机要精准》想到的

从2017年2月9日的《南方周末》上看了一篇消息，这篇300字消息的标题是“领导考察的时机要精准”。其内容大概是：春节前中山市召开一个研究解决交通拥堵问题的座谈会，会上有位老同志得知市委书记陈如桂准备在春节后的第一个工作日即大年初八考察交通拥堵情况，立刻建议：书记考察交通堵塞的日子应该放到元宵节之后，最好选在下班高峰的时间考察。理由是：春节刚过，许多企业还没有开工，学校没有开学，反映不出城市交通堵塞的现实；下班时考察，那时人人归家心似箭，拥堵场面更真实……与会者听了建议，报以赞成的笑声。

看完这则豆腐块的消息，联系工作实际中的所见所感，有一种有话要说的责任感。考察调研是各级领导干部做好领导工作的一项常规政务活动，但有多少领导干部在考察调研一项工作之前，认真地思考过精准问题，比如考察时间的精准、考察地点的精准、陪同人员选择的精准。因为只有时机精准才能看到最真实的情况，获得第一手真实资料，才能精准地把脉开方子，才能把难题攻克、把问题解决。现在交通工具发达，传播手段先进，但做好工作仍离不开一线踏查，精准调研。只有在基层一线，了解民情，获取信息，才有做好工作的发言权，才能从亲身实践中找到解决矛盾和问题的办法。国家一级大检察官、原河北省检察院检察长侯磊结合自己40多年的从政感悟，在撰著的《优化人生》一书中认为，不仅政治、经济、文化、科技、社会要科学发展，人自身也要科学发展，特别是各级领导干部，要努力提高人生建设能力、科学决策能力，在实践中不断优化人生。一是要清醒认识自己，认清自己的强项，认清自己的局限，并注重扬长避短；二是要持续武装自己，不断提高自己的综合素质，最主要的是要有良好的道德素养和真才实学；三是努力用好自己，靠强烈的追求意识、高度的责任心、科学的思维方法、良好的精神状态，做出非凡的工作业绩。

在2017年2月15日召开的市纪委十一届七次全会上，市委号召全市上下要倡导思想艰苦、作风艰苦、工作艰苦、生活艰苦的优良作风，其中思想艰苦就是要治庸，解决谋划工作不深、不细、不实的问题，政治水平不高、思想思维禁锢的问题。全市各级领导干部都要认真贯彻落实市委这一要求，从《领导考察的时机要精准》中受点启示和教育，以强烈的责任感和敢做善成的勇气，把精准更多地体现在科学决策上、选人用人上、从严治党上、事业发展上，用自己的辛苦指数换取秦皇岛的发展指数和人民的幸福指数。

（原载 2017 年 3 月 7 日《秦皇岛日报》）

盘点增效注活力

岁月流金。一年下来大小单位都要认真总结工作，查找一下不足，谋划来年的工作。辞旧迎新，每个人也要认真盘点总结一年的成绩和经验，来个全面回顾，盘点一下一年里干了些什么，干成了什么，有哪些经验和不足，新的一年里怎么改进，谋划具体的思路和措施。2017 年 2 月 3 日上午，市委书记孟祥伟在全市深化机关作风整顿大会上特别强调指出，全市各级干部要有盘点意识，通过盘点明晰缺点和不足，在新的一年里把工作做得更好。

盘点聚力增效。实行工作日志后，一日一记录、一月一总结、一季一谋划已成为全市各级领导干部工作的一部分。作为基层县里的广播电视台台长，我每天紧盯广播电台、电视台、广播电视转播台三摊工作的运行，把握广播、电视、户外大屏、新闻、专题节目的宣传方向和节目质量，着眼县委县政府重点工作，结合工作日志和笔记，定期与台班子成员、台中层以上干部盘点宣传工作中的成绩、不足、思路、方向和具体措施。2016年，在带领队伍圆满完成广播电视宣传、转播台无差错转播发射任务的同时，结合抓宣传工作的实践，自己思考动手写文章，一年里在省市党报发表言论文章18篇。其中，《讲好秦皇岛故事要有三股劲》《练好调查研究基本功》《让工作日志活起来》《用好党报阅报栏这个窗口》等文章既鼓舞了宣传队伍的士气，又丰富了宣传工作的实践方法。

盘点注入活力。盘点既是一种总结，也是一种方法，又是思考分析、总结提升的一个过程。经常盘点、善于总结的人容易掌握工作的主动权，培育盘点的习惯能增强干部队伍的主动性、自觉性、自主性和责任感，有利于调整精神状态，提升工作效能，注入发展活力。人做任何事情都需要有动力，动力越大，事情就越容易成功，盘点就是最大的“动力源”“加油站”。全国劳动模范、青岛港务局工人许振超，初中文化，是开吊车装卸货物的司机。这样的岗位别人只当个饭碗，他却当成了事业。为了搞好吊装事业，他刻苦自学，反复钻研，不断总结盘点，经常实践探索，成了全国知名的吊装专家，多次打破世界吊装记录。他的日记中有这么两句话：“悟性在脚下，路由自己找”，“要自己教育自己”。

（原载 2017 年 2 月 14 日《秦皇岛日报》）

栈道和长廊成为城市名片的启示

秦皇岛海滨的木栈道，一直是居民和游客喜欢的好去处。近期媒体以木栈道成为旅游路、健身路、环保路为题报道后，来这里的游客和居民就更多了。栈道除了路的功能外，已成为秦皇岛的一张名片。我的老家是晋南一座名叫古县的小县城，回家探亲时县城从南到北的一条十里长廊步行道吸引了我，十里步道绿树成荫，人来人往。步道一侧是沿县城的涧河，为了保证涧河能常有水，河中建起了12道“人字闸”，蓄水30万立方米，形成了人工湖，12座流动的人工湖将县城包裹其中。步道把县城南与北连接起来，把山与水连接起来，把公园与滨河路连接起来，一路走下来，县城“显山露水，依山借势，山水相映，错落有致”的风景像动画片一样尽收眼底。清晨和傍晚，人们三三两两来到十里长廊，有散步的，有打太极拳的，其乐融融。探亲回来后，老战友们一起聊起家乡变化，我说给人印象最深的就是家乡的十里长廊步行道。

一条海滨栈道，一条长廊步道，这些城中慢行道，看起来都是不起眼的区域性小工程，为何能引起社会关注和居民的喜爱，甚至成为一个城市的名片？这给我们当前的城市建设发展工作带来一些启示。

以人为本的城市建设理念要落实在细节里。市委提出要以精细精致的标准建设城市，要科学认识城市，科学发展城市，科学管理城市，减少建设性破坏，防止不可挽回的“败笔”，杜绝颠覆性错误。新一轮城市总体规划编制工作，要结合我市“全域统筹，生态优先”的思路，把中央以人民为中心的城市发展理念，落实在每一个项目、每一栋建筑、每一条道路的具体工作里，构建疏密有致、环境优美的城市空间结构。有个小品里说得好，群英荟萃就是萝卜开会。个别地方的城市建设已经成了房地产项目开会，空间、格局、规模缺乏协调和统筹。有的小区楼房密集，楼层忽高忽低，居民住到里边感到透不过气来，哪里有舒心、方便、美好可言。城市发展的主要动力在于人与城市的和谐，城市建设的主要目的是为人服务的。为人提供宜居的环境，将是未来城市间竞争的主要方向。

让“车的城”逐渐回归“人的城”。城市是一个地方经济、政治、文化、社会活动的中心，城市的主体是人。交通拥堵问题已经使一些城市变为“车的城”，让“车的城”逐步回归“人的城”，最基础的就是保障步行道、骑车道、公交道等慢行系统有足够的道路容量。现在，城市交通在多元化发展，不再单纯求快。在地铁、快速路、高速路等快行系统发展的同时，城市步道、绿道、栈道等慢行系统也在发展。徒步作为最贴近生活的一种锻炼方式，低碳方便，受到群众的欢迎。同时，精致的慢行系统与景观密切相连。因此，城市交通发展要注重快行系统和慢行系统的协调发展，着眼城市的宜居性，把生产空间集约高效、生活空间宜居适度、生态空间山清水秀、人与自然和谐共处作为目标，加快形成安全、便捷、高效、特色、经济、多元的综合交通体系。

在唯实上做足城市发展的文章。不唯上，不唯书，只唯实，这个“实”就是人民城市为人民，城市规划、建设、管理时刻不能偏离城市是为人服务的本源。先说城市“留白”，2016年10月，上海市在审议城市总体规划定位中决定：暂时没有想清楚、看明白的地方要坚决留白。城市留白是城市未来发展的稀缺资源和战略空间，也是城市持续发展的保障。看看我们身边的城市，有的很难找到一块空地，有些地方楼密车堵空间小，修条步道都需拆迁。再说说城市盲道，城市盲道成为“摆设”的现象不知大家是否注意过，一是很难看到一条畅通的盲道，断头的，中间占着的，走着突然没有了的占大多数。二是很难看到有盲人行走在盲道上，有关部门统计认为，国内城市大规模的盲道建设对盲人行路并没有产生多大帮助，这些启示我们慢行系统也要强化管理改进提升。最后是城市公厕问题，发展慢行系统离不开公厕建设，现在在城市里沿街“讨饭”的虽已少见，沿街“讨厕”却很普遍，城市到处是林立的高楼和遍布的酒店餐馆，但干净卫生的公厕却很难找见。公厕对百姓来讲并非小事，恰是城市建设发展以人为本的一面镜子。

（原载 2017 年 7 月 24 日《秦皇岛日报》）

守正创新育新人

成就大业，首在育人。在全国宣传思想工作会议上，习近平总书记强调指出：“宣传思想工作是做人的工作的，要把培育担当民族复兴大任的时代新人作为重要职责。”这一重要论述深刻阐述了宣传思想工作的本质特征，进一步明确了“育新人”这一宣传思想工作的使命任务。

唯守正者进，唯创新者强，唯守正创新者胜。做好新形势下的“育新人”工作，必须在守正创新上实现更大作为。何为守正？具体来讲就是守道德之正，尊重和传承人类社会所积累的优秀道德理念和规范，教育引导形成良好的道德认知和道德自觉，并在社会上起到引导和传播优秀道德的作用；守学问之正，凡学问之形成，均为历代学人累加所致，而学人所为，起点必是继承，我们倡导完整继承前人成果，准确理解前人思想，养成严谨的学风，形成扎实、优化的知识结构和技能结构；

守处世之正，为人处世当笃守正道，诚实平和，严于律己，宽以待人，善于与人合作，具有团队精神；守行事之正，倡导勇于实践、善于实践、勤于实践的作风，扎实做事，不浮不躁，严谨行事，一丝不苟。守正是创新的基础，创新是守正的发展。

宣传思想工作塑造的是理念信念，凝聚的是精神力量，建设的是精神家园，培育的是时代新人。守正创新既是业务要求，更是政治要求。衡量宣传思想工作的成效，既要看是否坚持了党性原则、政治方向，是否高扬主旋律、传播正能量，又要看是否掌握了话语权、占领了主阵地，是否承担起举旗帜、聚民心、育新人、兴文化、展形象的使命任务。当前，一些地方宣传思想工作队伍青黄不接的问题比较突出，党管意识形态措施没有很好落实，流于形式，专业人才脱颖而出的环境没能形成。在个别单位，宣传思想工作只在开会时讲起来这么重要那么重视，但一到具体事务上都排在最后。在一些人的思想里，宣传思想工作是虚的，是软的，是没有多大用处的。个别地方的环境使宣传思想工作者存在工作没干头、干了没奔头的心理。下面是一个宣传思想工作者的心声："在这个充满偶然性的世界里，有多少生命的幼苗，有力量的人扶一把，就会成为参天大树，踩一脚，他就会从大地上消失。"

这让人尤其感念那些心有慈悲的力量拥有者，每每想起他们，都让人心生温暖，他们是天地的良心，是宣传思想工作者生命中永远的感动和怀念。

守正创新，就要扎实营造和落实尊重知识、尊重人才的发展环境。没有守正，宣传思想工作就会失去方向；没有创新，宣传思想工作就会故步自封。我们党历来重视培养人的问题，1980 年邓小平提出，希望小朋友立志做有理想、有道德、有文化、有纪律的“四有”新人。宣传思想战线始终牢记育人铸魂的重要责任，牢牢把握党的育人方针，注重在人的头脑里搞建设。推动宣传思想工作强起来，离不开高素质、专业化的宣传思想干部，要努力打造政治过硬、本领高强、求实创新的宣传思想工作队伍，引导人民不断掌握新知识、熟悉新领域、开拓新视野，不断增强脚力、眼力、脑力、笔力，真正做到“几把刷子”把把会，“十八般武艺”样样精。坚持守正创新育新人，坚持立德树人，以文化人，建设社会主义精神文明，培育和践行社会主义核心价值观，提高人民思想觉悟、道德水准、文明素养，才能培育大批能够担当民族复兴大任的时代新人。

（原载 2018 年 9 月 18 日《秦皇岛日报》）

在现场心中就会有感动

2018 年 11 月 8 日，是第十九个中国记者节。为庆祝节日，我们组织广播电视台全体人员参观了茅台酒洞，感受葡萄酒洞藏文化；在东山公园环山路进行健步走比赛，台工会为获得一、二、三等奖的同志颁发了奖品；县分管领导到活动现场看望大家并送来节日祝福，勉励全体新闻工作者重温初心，牢记使命，不断创新。系列活动后，同志们普遍反映这个节日过得有意义，大家的笑容也给我们的工作带来一些启示。

启示之一：让新闻工作者更多地了解和参与到特色产业发展中。葡萄酒产业作为我市的特色产业，如何才能做大做强，做出特色，需要各方面的力量和努力。昌黎茅台酒洞是我市葡萄酒产业“自主发展、政府推动、业态独特”的一个亮点。酒洞开凿在花岗岩山体里，3000 多平方米，洞温始终保持在 12 至 16℃之间，设有瓶储区、文化产业区、橡木桶陈储区和品酒区，20 余万瓶干红葡萄酒静静地躺在这里。它集葡萄酒发酵成长和洞藏文化于一体，丰富了秦皇岛的产区特色和葡萄酒文化内涵，中国食品工业协会称之为“中国葡萄酒第一洞”。酒洞坐落在昌黎县城东山公园，但有不少人没有来过这里。集中组织广播电视台全体同志来酒洞参观具有特别的考虑，就是为新闻工作者尽可能地提供平台，让大家到一线了解特色产业的情况。慢步在酒洞里，通过导游的解说，静心感受葡萄酒文化的美妙，使大家进一步深入了解葡萄酒，加深对葡萄酒产业的再认识，为进一步做好这一特色产业的宣传推介工作奠定了基础。

启示之二：让新闻工作者成为弘扬体育和劳动精神的使者。德智体美劳全面发展的教育理念，需要全社会的关注、参与、实践，才能得以更好的落实。利用记者节开展健步走活动，既能增强大家团结协作的团队意识，也是弘扬体育和劳动精神的实践。在中国，新闻工作者的宗旨是为党、为社会主义、为工人阶级、为广大人民群众而工作。贯彻落实国家的大政方针，新闻宣传队伍既是宣传队，也应该是先行者。通过体育活动和劳动可以收获技能，锻炼体智和能力，增强社会责任感。新闻工作者的积极参与，会引领全社会重视参与的氛围。“做党的政策主张的传播者，时代风云的记录者，社会进步的推动者，公平正义的守望者”，是新闻工作者的不懈追求。

启示之三：让新闻工作者更多地走向室外，参与到社会实践中。据了解，过去的记者节，我们不少单位大多是在会议室召开座谈会，很多记者和编辑人员对于这种形式不喜欢，我们有责任精心组织好一年一度的记者节活动。新形势下，宣传思想工作要做什么？举旗帜，聚民心，育新人，兴文化，展形象。县领导在记者节慰问看望新闻宣传队伍时强调指出，贯彻落实全国宣传思想工作会议精神，牢记使命任务，努力讲好秦皇岛故事。面对新形势，当有新作为，要不断增强脚力、眼力、脑力、笔力，也将成为干好宣传思想工作的长期要求。记者的工作看似简单，实则不易，要想成为一名优秀的新闻工作者，需要不断加强学习，拥有百科全书式的知识结构，较强的文字表达能力，较高的交流沟通能力，强烈的工作责任心，敏捷的应变能力和清晰的逻辑思维等。讲好秦皇岛故事，传播秦皇岛声音，展示秦皇岛形象，是全市新闻工作者的时代担当，让我们坚持正确的政治方向、舆论导向、新闻志向、工作取向，做一名党和人民信赖的新闻工作者。

（原载 2018 年 11 月 13 日《秦皇岛日报》）

守正创新重在实践

2018年11月28日，全市宣传思想工作暨网络安全和信息化工作会议，强调了推动全市宣传思想工作强起来，要在守正、贵在创新、重在实践的问题。

守正创新重在实践，需要有一个扎扎实实做宣传思想工作的氛围。举旗帜、聚民心、育新人、兴文化、展形象，是新时期宣传思想工作的使命任务。在基层，在具体工作中，如何结合实际扎实有效地做好宣传思想工作，我认为党的各级领导干部和广大宣传思想工作者要围绕使命任务，在落实、落细、落小上下功夫，要结合自己的岗位职能尽责作为、顺势而为、创新善为，为提高宣传思想工作的水平和效果做出扎扎实实的贡献。为党报写评论是我做宣传思想工作的一种方式，在努力做好岗位工作的基础上，我近两年多来在报纸上刊发评论80多篇。工作学习和写作的实践使我认识到，报纸、电视、电台、网络，无论是哪种宣传形式，信息、评论、散文，无论是哪种新闻体裁，宣传思想工作都要突出思想引领。市委书记孟祥伟在全市宣传思想工作暨网络安全和信息化工作会议上强调指出，宣传思想工作要突出政治引领，强化理论武装；突出正风化人，强化文明创建；突出阵地建设，强化舆论导向；突出文化建设，强化创新创业。这“四个突出”，为我们做好今后一个时期的工作，指明了方向。文章和产品一样，得有用处。作为精神文化产品的创作者，我们每写一篇评论、一条信息或者做一期电视专题节目，目的和方向要明确，服务人群和引导受众需心中有数，思想是宣传引领的目的，也是宣传工作的灵魂。

守正创新重在实践，需要各级党委把意识形态工作牢牢抓在手上。掌握意识形态工作领导权、管理权、话语权，并不是说说而已，需要在工作实践中创新作为，尽职尽责，全力以赴，做到抓一事成一事，事事有着落；办一件完一件，件件得解决，并让其确实有成效。比如说，党报党刊的征订使用问题，过去征订就是个难事，现在工作比过去好做了。但是有几个单位的党组织认真研究过如何发挥好党报党刊作用的问题，一说做意识形态工作，有人马上想到的就是经费不足。党报党刊花钱订来了，每天都送，结合实际研究利用好，发挥好作用，就是在做意识形态工作。其实党报党刊是学习党的知识、加强党的建设中最好的学习阵地和最方便的学习资料。意识形态工作在个别党组织中之所以长期不被重视，是因为有的地方负责人确实是能力有限不会做，有的是不重视不好好做，存在不看对象、不具体分析，只是抓现成的文件、报告，领导讲话照本宣科的现象和问题，还有的是“一人有病，大家吃药”，难以产生说服力。甚至还有的党组织，把意识形态工作挂在墙上、说在嘴上，行动上是“好龙”的“叶公”。意识形态工作做的是人的工作，只有信仰上忠诚，工作上用心，做事上勤恳，创新上敢为，不断提升能力水平，做到有的放矢，才能管用有效。

（原载 2018 年 12 月 11 日《秦皇岛日报》）

精心盘点再出发

岁末年初，是总结盘点上年度成果，筹划部署新年度工作的重要时段。每个人、每个单位都应当精心回顾盘点，认真总结过去一年里在学习上有哪些长进，技能上有哪些发展，厘清工作上有哪些可圈可点的成果和创新。同时，要对照年初计划，看一看有哪些工作没有落实到位，没落实的原因是什么，有哪些经验和教训需要在新年度的工作筹划时加以吸取和总结，确实做到在盘点中有提升，在总结中有提高，让年龄、学识、技能、品德随年龄而成长，单位工作和事业发展力争年年上台阶，年年有突破和创新。

精心盘点再出发，就是要把上年度的工作总结好，并从中找到不足。每个人和单位都要对一年里的学习、工作来一次全面系统的回顾检查，认真地进行总结、分析、研究。总结中要善于抓工作重点，特别是一年里学习方面、重点工作推进方面、队伍建设方面等取得的主要成绩和经验，发现的重要问题以及探索出的运行管理规律。要善于总结，总结中要突出特色。每个人所做的工作、每个单位承担的责任不同，自然工作方法和成果经验也有不同，要认真分析，找出工作重点和特点，从而肯定成绩、得到经验、找出差距，为做好新年度工作奠定基础。比如，我们在工作盘点中，就筛选出要进一步强化节目质量意识的问题，特别是在电视连续剧的购片选择过程中，要树立引导和效果意识，把扩大受众群，把大多数人喜欢的电视剧和公益专题片选上来、播出去，这样宣传效果才能更好。

精心盘点再出发，就是要把年度的工作筹划好，注重工作效果。筹划工作要在起点上树起效果意识。一些单位和部门干工作只讲过程，不问结果，还有的只看上级认不认可，不问基层工作实际效果。各级各部门在筹划部署工作时，必须从起点上把实际效果作为评价工作好坏的重要标准，摆脱名利思想影响，摒除私心杂念的缠绕，求真务实抓工作。筹划就是想办法、定计划。年度的工作筹划既要有目标，也要结合上级精神做好工作总体谋划，结合单位职能做好重点工作安排，结合业务实际谋定创新项目，把工作效率和作风改进作为落实的方法措施统筹安排好。比如，当前在意识形态工作领域，一些人的思想中存在着贪大求洋的风气，一说做宣传思想工作，马上就有人来句经费不足；一说提高工作质量，马上就有设备太落后的声音。其实，无论传统媒体还是新兴媒体，也无论是搞哪种形式的融合，引导群众和服务群众的根本还是内容质量，任何时候内容为王都是宣传思想工作的根本。以文件落实文件，以会议落实会议，文山会海里耗费了人们很多的时间和精力。新年度工作中要把真实、深刻、鲜明、生动的文风特征和扎实的工作作风体现出来。各级各部门都要倡导少开会、开短会、讲短话、讲有用的话的好作风，坚持讲真话，讲短话，讲直击要害的话。不说说了等于没有说的大话，不讲下面不知道怎么干的空话，不说连自己都不信的假话，培育和引导干事创业果断干练的作风。

（原载 2018 年 12 月 25 日《秦皇岛日报》）

第四辑

真情感念

真情，
人间珍贵的情感；
真情感念，
真情实感和真善美的
自然流露。

舅舅的教导

人的一生中，要见识许多事物，听到许多话和故事。有些如过眼烟云，过去就遗忘了；有些却被深深印入脑海，像定格的电影镜头一样，留在记忆中。

舅舅的教导，就是我终生难忘的。

1994 年 2 月 28 日，舅舅从山西古县老家专程来到秦皇岛昌黎看望我们一家。当时我从部队刚转到县人武部工作，结婚时间也不长。舅舅看到我一个人从农村当兵出来，靠努力工作成家立业，非常高兴，他嘱咐我说："一定要继续努力，踏踏实实干好工作，为党和人民多做贡献。"

舅舅名叫冯延雄，1928 年出生在古县南坡村，1949 年初参加工作，他亲历了兵荒马乱、生活困难时期。改革开放以后人们的生活水平不断提高，他看在眼里，喜在心里，挂在嘴上，走到哪里把党的好政策宣传到哪里。他的一生对党和人民的感恩之情是真挚的，时常动员孩子和亲属们把做好工作作为报答党的恩情、为国家多做贡献的主要途径。1987 年 11 月，我参军入伍临出发前一天，舅舅送给我 10 块钱，他说："参军了，要好好干，从明天一上火车起，就要抢着做好事，时时处处要有个解放军的样子……"

不计名利，一心工作，是舅舅 30 多年工作的真实写照。我参军前，经常听到舅舅与人谈话交流时说到"党和人民"这个词。他常对亲朋好友和身边的人说，只要是一心一意把工作做好，干出成绩来，党和人民不会亏待你。

舅舅有一辆破旧的自行车，这是伴随他工作大半辈子的忠实伙伴。临离休那几年，他的自行车是除了车铃不响哪儿都响，家里人建议买辆新的，他说只要能骑不耽误工作就行，不讲那个排场。

舅舅无论是在工作岗位上，还是离休后，始终待人忠诚，做事认真。他喜欢敬业奉献的人，反对投机取巧者。他的很多同事与朋友，一说起舅舅来都竖大拇指，夸奖他品德高尚。

舅舅勤劳踏实的品格时时影响着我。在工作岗位上，他先后在教育、交通、医药、林业多个部门工作过，一直是一名普普通通的干部。虽然他岗位平凡，但在哪个单位都受人尊敬，直到 1980 年离开工作岗位。

叶落归根，离休后舅舅又回到了农村，放下铁锹就是犁耙，还要帮着表哥一家料理家务，俨然是一位地地道道的农民了。村里有了红白喜事，都求他写对联，挽联，接朋待友，里外操持。

舅舅离休后，在村里生活了 30 多年，勤劳朴实，乐于助人。他带头在荒山荒坡上植树造林，改变村里的面貌，如今舅舅栽植的树苗已成长为满山坡的大树。由于舅舅有离休工资，经常会遇到亲朋好友和左邻右舍有困难借钱的情况，舅舅总是急人所急，帮人所难。他常说："他人遇到困难，我只要有能力就帮助。"

2002 年 10 月，我们一家三口回老家探亲。舅舅见到我们后十分高兴，得知我已调到县委宣传部工作的消息后，鼓励我继续努力，抓好学习，给党和人民多做贡献。再后来，多次探亲或者通电话时，舅舅都要鼓励我抓好学习和工作，总之一句话：就是要为党和人民多做贡献。我在部队时，先后荣立一个二等功、两个三等功；到地方工作后，多次被省市评为优秀宣传工作者和新闻宣传工作先进个人。应该说，丰收果里，有舅舅的一份。

我当兵离家 30 年，与舅舅在一起的时间很少，但舅舅对党和人民的这份特殊情结始终激励和影响着我。

2017 年 3 月，舅舅走完了 89 年的人生路程，离我们而去。县委老干部局等部门联合书写的一副挽联这样总结了舅舅的一生：德厚业精光荣一世，福圆寿满安息九泉。横批是：德高望重。舅舅虽然离我而去，但他老人家的教导我永远铭记在心，它将永远回响在我的耳边，激励着我不断前进。

（原载 2017 年 10 月 23 日《秦皇岛日报》）

桑树情思

站在这棵桑树下，抚摸着它粗大的树干，仿佛又回到了 30 年前。30 年前的那个冬天，我从这里穿上军装，步入军营。

从我记事起，这棵硕大的桑树就生长在老屋大院的旁边，谁也说不清它的年岁，有人说 500 余岁，也有人说 800 余岁。总之，它粗壮，树冠大得仿佛能遮住半个村落。

桑树下是我家的老屋，盖三间正房的那一年我还没出生，老人们说的也记不清了，三间西厢房是我上初中时盖的。那时爸和妈的想法是：大儿子马上到了该娶媳妇的年龄，没有房子不行。当时一家人只靠爸爸一个人微薄的工资生活，每年连“缺粮钱”都凑不齐，要盖几间房子谈何容易，但后来还是盖起来了。那时日子虽不富裕，老屋里却充满了温馨和欢乐。爸爸在十里之外的村里教书，每个周末回来，妈妈做饭、缝缝补补、洗洗涮涮，为儿女的吃饭穿衣忙个不停……就这样，我们在桑树下的老屋里度过了难忘的青少年时期，老屋成了我们人生的摇篮。

桑树下曾有个村里人用来磨面的石磨，记得每到麦收、秋收过后和春节前，大概是四季中石磨最忙的时候，一家挨一家排着队等候磨面。尽管磨面的过程非常麻烦，又得推磨，又得罗面。如果有驴拉磨还好点，人推的话，一圈一圈的十分劳顿，但人们还是乐此不疲。我记得小时候，农村人要把很多的精力用在推磨、推碾子上。推磨也是人们沟通交流的好机会，一家人在一起推磨，又说又笑，乐趣也不少。赶上太阳暴晒的天气推磨，桑树的树冠还为人们遮挡一下阳光，树上的喜鹊和各种鸟不时飞到磨旁抢吃几粒小麦和玉米。磨道旁聚集来成群赶不走的鸡，这些难得一见的活画面和石磨一样，早已不知去向，如今很多村里的孩子已经不知道磨子为何物了。

时光飞逝。1987 年底我参军入伍。爸爸离开工作岗位后，大哥接班工作。二哥一家也从村里搬走了。后来由于采空区的缘故，全村人整体都搬迁了。唯独这棵老桑树年复一年、日复一日，忠诚执着地守卫着这个村落。没有人烟的村落在一天天破败，四处杂草丛生，孤独高大的老桑树，挺立在村头，盘点着日出日落，也寄托着无数个游子的浓浓乡愁。

桑树屹立在故乡的老屋旁，可它时常进入我的梦中，我感到桑树已长在我的心中。屈指算来，当兵离家 30 年里，前些年回老家的次数较少，近几年由于侄子、外甥辈相继结婚成家，为道喜回去了几次。回老家，感变化，随着改革开放的推进，农民逐渐从土地上解放出来，姐姐也随儿女在县城居住，老屋和村里的房子已全部倒塌夷为废墟，慈爱的父母也已相继过世。但每次回家，不管事情多忙，时间多紧，我都要回村里看一看。

这个坐落在晋南古县县城北部名叫红泥节的小山村，是我常常梦回的地方，魂牵梦绕的故乡，这里有我放不下的惦念，抹不去的春秋。

踏一踏这片生我养我的土地，亲手抚摸这棵无言的老桑树，眼前仿佛又出现了妈妈送儿离家时树下挥手的身影，桑树见证，也难以抚平我的思念之情。

随着年龄的增长，睹物思人的情感更加浓烈。与老桑树暂短的相聚，每次都是依依惜别，有时还会潸然泪下。

今年深秋，再次见到老桑树，我专门拍了几张照片，放在时常翻看的亲人相册里。千里之外每次翻看到桑树的照片，一股暖流心中涌动。它时时激励着我，在宣传思想工作战线上，深深扎根，不怕风雨，顽强成长。

（原载 2017 年 11 月 28 日《秦皇岛日报》）

铭记母亲

隆冬，室外寒风刺骨。

一个人行走着，不知不觉地又来到这座部队家属院。

近两年来，每逢节假日，在城里走动和散步时，我时常会来到这个如今已破败闲置的大院里。

这里曾经是一个部队的团级干部家属院，过去是绿意盎然，热闹非凡，军号和口号声不绝于耳。

现今，院里的一排排红砖尖顶房，不少已拆除，有的还矗立着墙体。从公路上看，这个大院像是一块城中的伤疤，道边上巨型广告牌围挡着，院内看不见一个人，静悄悄的。

这里看不到曾经流动的绿色身影了，听不到大喇叭里豪迈的军歌声了，但却挡不住我时常徘徊于此的脚步。进大院南行第一排中间的位置，原是一个独门独院的家属院，这里有母亲生活的气息，尽管现在房子和院墙都已拆除，但闲置着的平地上母亲曾经生活的印记依稀可见。

1993年4月11日，母亲风尘仆仆从山西古县老家来到昌黎县城，住在位于城里三街的这所部队家属院里。

这是她老人家一生走得最远的路，她的心愿就是帮着儿子，看一看家，做一做饭，在这里她时常在院里的空地上种菜。母亲为了儿女出行千里，吃苦受累，毫无一丝怨言。

母亲当时已身患重病，平时我让她多休息，但她老人家不肯，屋内院里每天是忙个不停。我与战友吴会银有计划地带着她到山海关、北戴河附近的一些景点走了走，看了看，母亲第一次看见了大海、沙滩。由于当时我工作转换，事务较多，部队医院的军医依据病情，建议老人家不宜在外地长住。于是，1993年5月6日，母亲不放心地从这里回到老家，只在部队院住了20多天。

都说不养儿女不知父母的恩情。看着每天快乐成长、正在上大学的儿子，我回想起母亲的一生。她心里只有儿女，从来没有自己，她跑得最远的路就是从山西来到河北，为了照顾当时没有结婚成家的我，她从不考虑自己身患重病。

母亲很少出门，天天在家里为儿女的吃饭穿衣忙个不停，母亲那双勤劳的双手，一到冬天，裂的都是伤口。

一个女人，带着五六个未成年的孩子，还要服侍年迈的婆婆。不下地劳动，就分不到粮食，不烧火做饭，全家人就得饿肚子。冬天特别冷，缸里结满了冰碴，洗衣、做饭、喂猪，母亲的手终日要在冰冷的水里浸泡着。

一年四季的晚上，母亲都在纺线，线纺好了就买来染料，把那些线染成红的、蓝的、绿的，然后再织成花布。有方格的，有花条的，方格的用来做被面、床单，花条的用来给我们哥儿几个做衣服。我小的时候，都是穿着这样的粗布衣服上学。母亲的手上本来就裂着口子，一道一道的，染线、织布时，被那五颜六色的染料一浸泡，就有了洗不掉的颜色。

母亲的手粗糙，满是裂纹。

在我的印象中，母亲只有生病时才肯躺着休息，平时双脚不离地。早晨天不亮母亲就下地了，天天是起早贪黑。

父亲长年在外地工作，家庭重担全在母亲肩上。

冬天寒冷的夜晚，母亲坐在油灯下给我们纳鞋底子，裁剪衣服，常常是睡起一觉来，朦胧中还看见母亲在做针线活儿。

三尺灶台的忙碌身影，老屋顶上的袅袅炊烟，粗糙如同木锉的双手，积劳成疾的双脚，母亲为培养我们兄弟姐姐成人耗尽了心血。

1 月 27 日，是母亲的忌日，她老人家已离开我们 24 年了。但不知有过多少次，夜深人静时，母亲那忙碌的身影，慈祥的音容笑貌，就浮现在我的眼前，一觉醒来总是泪水纵横。

母亲是一位普普通通的农村妇女，她的档案十分简单：冯延凤，1932 年 2 月出生于山西古县县城城北一个叫大梁上的小山村，1994 年 1 月因病去世，享年 63 岁。

（原载 2018 年 1 月 9 日《秦皇岛日报》）

怀念老旅长

有的人死了，但在人们心中还活着，他们的高尚品德和人格魅力穿越时空，教育和引导着人们如何做人为官。人民的好总理周恩来，县委书记的好榜样焦裕禄就是这样的人，他们永远是我们学习的榜样。

学习习近平总书记关于领导干部要讲政德的论述，使我又一次想起了我在部队时的一位首长——驻河北昌黎炮兵旅原旅长张国安同志。

他 1994 年 8 月因病去世，至 2018 年已整整 24 年，但战友们在一起时，经常想起他，怀念他。跟他一起工作时间长的战友，一说起老旅长，眼睛发红，难掩激动。

于是，我在想，是什么力量让大家对一个领导干部，多年不曾忘记？30 多年的工作实践给出了答案：人格的力量。无数事实证明：人格的力量在人心中会历久弥坚。我与战友们一样，之所以多年记着这位老首长，难忘记，是因为他在我心里是一位政德高尚的领导干部。

我参加工作后，从部队到地方，先后在六个单位工作过，遇到过不少领导干部，可以说各种各样、形形色色。品行，是一名党员领导干部内在素养、人格魅力、道德品质的综合体现，领导干部良好的品行是凝聚党心民心的巨大力量，品行好则威信高。

抓训练谋打赢，张旅长带领部队开展轰轰烈烈的军事训练比武，涌现出了一批训练尖子，不少人现在都成为部队的军事主官；善学习谋创新，他撰写的军事改革方面的论文时常在《解放军报》等报刊刊发，引导培养了一批军事写作人才；引青济秦工程开工建设时，他任部队工地的总指挥，天天风餐露宿，指挥在一线；治理四河现场，带领部队清污施工，他曾是秦皇岛驻军部队拥政爱民的带头人。一位好的领导干部就是这样，不但说得好，做得更好，带头吃苦，处处干在前面，以为基层官兵和群众谋利益为己任。

一个领导者的做人和为官，真正经得起历史检验的，最终留在群众心目中的，是品行和实绩。这些既在发展中体现，也在小事小节上体现，更在一点一滴中体现。旅长在部队是主要领导，也是副师级干部，可以说工作千头万绪，十分繁忙，但在官兵的心中，他从不以官位自居，不但关心干部战士成长，而且十分乐于帮助大家。

身边的普通战士遇到困难和问题，他得知后都是主动帮助解决，谈心鼓励。那时在机关工作时间长的战士，不少在成长进步的道路上，都得到过张旅长的关怀、帮助和鼓励。服务他人、助人为乐的友善行为，既是社会主义核心价值观对公民交往的基本道德规范，也是一名领导干部心中有人民、一心为群众的具体体现。

部队与地方一样，也是个大集体，人员素质参差不齐，一些领导干部碰到困难或者问题方面的事务，有的是能躲则躲，有的是能推就推。张旅长从来不，他对待来访者都是热心接待，主动谈心，了解情况，将心比心，帮助解决。他常说，办事情，做决定，要多来点换位思考。

曾经有位将军说：领导干部如果不具备好的品行，就成了一个“乌纱帽”的空壳，官兵在心里不会把你当领导；如果有好的品行，即使摘了“乌纱帽”，官兵仍然说你是好领导。记得曾有这么一件事，司令部的一位干部与招待所一名战士发生争执，部队大多数领导处理这类事都是批评战士，不管谁对谁错。张旅长得知这件事情后，详细问明情况得知干部做得不对，严厉地批评了这位干部，并让其给战士道歉，圆满解决了矛盾。他说，官兵平等不能光说在嘴上，公平正义公道正派要落实落小落细在一件件事情里。大家对他的怀念，都来自他为政当官时的一言一行、一举一动。

一位领导干部的政德在哪里，在事业发展的成果里，在民生改善的笑脸上，在公平正义的捍卫里，在人们的言谈间，在干部群众的心海里；我这位老首长的政德，在干部战士永远的思念里……

（原载2018年6月19日《秦皇岛日报》）

写作让人生更加厚重

时光飞逝，转眼我已参加工作30多个年头。蓦然回首，几十年来，新闻宣传和评论写作一直伴随着我的成长。无论是在野战部队、武装部系统，还是在乡镇、县委宣传部、县广播电视台，都常有文章见诸报刊，写作成为我生活的重要组成部分。

我为什么要写作？因为写作是学习成才的载体。我上中学时期就喜欢写作，但是那时候的家里和学校不具备写文章给报纸的条件。当兵后，《解放军报》和北京军区《战友报》下发到连队的每个班，天天能看到报纸，再加上被火热的军营生活感染，开始给报社投稿。《战友报》刊登了我两篇小稿后，部队把我从连队选调到政治部宣传科当专职报道员。选择和遇见了自己喜欢的工作，这一路走来，30余年就没有离开过宣传战线。与宣传文化工作的这份特殊情缘，使我的工作有乐趣，生活很充实，写作培育养成了我阅读和学习的好习惯。学习使我不断有新思考，阅读使我的世界变得越来越大，写作使我的人生经历丰富多彩。我在部队入了党，还立了二等功。到地方后，先后出版了新闻作品选集《成长之路》和评论作品选集《一篇评论一座桥》两本书，成长为一名科局级干部，并多次被军地评为优秀宣传干部。写作无须更多的投资，只要注意观察生活，用心思考，然后用一支笔、几张纸，或者坐在电脑前敲击键盘就解决问题。想想看，在众多成才门类中，还有多少比写作更为简便易行的呢？由于要写作，逼着你学习、思考、实践，提高学习和工作质量，这对一个人成长和成才作用是很大的。阅读滋养底气，思考带来灵气，写作造就才气。

我为什么要写作？因为写作是歌颂真善美的手段，鞭笞假恶丑的工具。在我们周围，每天发生着许多真的、善的、美的故事，中华民族的传统美德和时代精神交织在一起，演绎着一幕幕感人至深的活剧。在我们的一生中，得到父母、亲人、师长、朋友的很多帮助关爱，亲情、友情、感情成为滋养生命的重要源泉。留住真善美的记忆，弘扬真善美的精神，拿起手中的笔，把感动自己的生活记录下来，是一件非常有意义的事情。《读者》杂志 2017 年第 13 期曾刊发一篇《那个为弱者顶住的人》

的文章，让人读后忘不了：一个农民工在公交车上把刚领到的3000元打工血汗钱弄丢，售票员确认后报警并停车。在等待警察来的过程中，车内不少人却急了，七嘴八舌，有的说上班要迟到了，有的说赶不上火车了，有的着急有事要办。但售票员不开门的态度坚决，她说："我既无权搜身，也无权开门，只能请大家谅解。"等待警察的十分钟里，有人开始踹车门，有人要跳窗户，有人威胁让赔损失。售票员说："大家体谅一下，设身处地想一想，要是你辛辛苦苦干一个月活，工资全丢了会是什么心情。人都不容易，谁都有倒霉为难的时候，今儿咱赶在同一辆车上了，咱就得帮他分担。人得有点品德，不能光考虑自己，今儿你替别人想，明儿就有人替你想。"最后警察赶到后，丢失的钱包出来了，事情得到圆满解决。警察走了，车继续开。车上有位老人说，如果不是售票员的正义和机智坚持，农民工的钱是找不回来的，所以在关键的时候，需要有人敢于站在正义这边。一个普通售票员的正义之举，关键时刻机智地坚决顶住，保障了无辜弱势的好人不受伤害。所以在是非面前，强势和弱者面前，真善美与假恶丑面前，是考验党员领导干部，甄别党性，观察品行和人性的时刻。

为了讴歌真善美，抨击假恶丑，让生活工作环境更加美好幸福，我们每个在人生长河中行走的人，似乎都有必要、有责任总结自己独特而又有益的感悟，尽其所能抨击揭露丑恶的东西，使自己变得更加聪明，使他人能够从中有所启示与借鉴。

我为什么要写作？因为写作是实现生命价值的途径。一篇好的文章，一部对时代、对社会高度负责的作品，具有持久的生命力，它不会因创作者生命的消失而使人淡忘。如贾谊的《过秦论》、司马迁的《报任安书》、诸葛亮的《出师表》、陶渊明的《桃花源记》、魏征的《谏太宗十思疏》、范仲淹的《岳阳楼记》、文天祥的《正气歌序》、梁启超的《少年中国说》、林觉民的《与妻书》、毛泽东的《为人民服务》，这影响中国历史的十篇政治美文，已成为中华优秀传统文化的经典之作。好文章是替时代立言，是一个人在一定时代背景下全部知识和阅历的结晶，这种高雅的生命状态是我赞赏向往的，我愿为之付出努力。文字的方砖绵延成我内心的长城，文字的米粒成为喂养精神的粮食，写作使我有了思想的灵性，有了思考，有了深爱，有了责任，有了担当。

我现在负责一个县广播电视台和转播台的宣传工作，尽管事务繁杂，但每月都有评论或散文见诸报端。因为写作使我处于一种幸福的状态，我把写作当作对时代、对社会、对组织，及所有给予我关爱人的一种回报方式。写作过程里对生活鲜活的感受，是自己心灵的一种状态，是理性思维中的创造潜力，是情感活动中的一股勃勃朝气，是永恒人生的一缕清新。写作，让我的人生更加厚重。

（原载 2018 年 7 月 31 日《秦皇岛日报》）

有这样一个你应该知道的故事

紧张的工作，火热的生活，是孕育故事的沃土，也是产生故事的摇篮。

有的故事催人奋进，有的故事令人深思，有的故事给人启迪。

有家电视台做了一期人物访谈，嘉宾是宗庆后。了解他的人都知道，宗庆后将一个连他在内只有3名员工的校办企业，打造成了中国饮料业的巨无霸。关于他的创业，关于娃哈哈团队，关于民族品牌的铸造，在问了若干个大家感兴趣的问题后，主持人忽然从身后拿出了一瓶普通的娃哈哈矿泉水，考了宗庆后三个问题，第一个问题是娃哈哈矿泉水的瓶口有几圈螺纹；第二个问题是瓶身有几道螺纹；第三个问题是瓶盖上有几个齿。面对这一个个细致且刁钻的问题宗庆后一一做了解答：3圈，8道，15个齿。经过现场验证后，都准确无误。

主持人在节目总结中讲了这样一番话：关于财富的

神话，总是让人充满好奇。一个拥有170多亿元身价的企业家，管理着几十家公司和20000多人的团队，开发生产了几十个品种的饮料产品，每天需要决断的事务繁杂，可是，他连他的矿泉水瓶盖上有几个齿，都了如指掌。也许我们可以从中看到，他是如何一步一步走向成功的。

访谈现场掌声响起来的时候，笔者感到这个故事很美。它虽然简单，但形象生动，深入浅出，既有思想说服力，也有文化感染力，更有引人深思的穿透力。

我们的每名党员干部、企业负责人以及生产生活中的每个普通人，如果将你正在从事的事业或者职业比作一瓶矿泉水的话，你知道你的“瓶盖”上多少个齿吗？宗庆后知道，你也应该知道，如果你也想成功的话。

42岁才开始创业的杭州人宗庆后，曾经做过15年的农场农民，插过秧，晒过盐，采过茶，烧过砖，蹬着三轮车卖过冰棒。在20多年时间里，他创造了一个商业奇迹。2016年胡润百富榜发布，杭州娃哈哈集团宗庆后家族以1120亿元财富，位居第五名。

伟大时代孕育伟大故事，精彩故事需要精彩讲述。习近平总书记在全国宣传思想工作会议上强调：“把握大势、区分对象、精准施策，主动宣介新时代中国特色社会主义思想，主动讲好中国共产党治国理政的故事、中国人民奋斗圆梦的故事、中国坚持和平发展合作共赢的故事，让世界更好了解中国。”这要求我们把每个故事讲得更加生动精彩。

这样的一个精彩故事，你应该知道，也应该受到启示。

（原载 2018 年 10 月 16 日《秦皇岛日报》）

阅读是低成本的幸福生活

有人担心营养不足忙吃补品补药，有人烦恼自己的营养过剩天天忙于减肥，有的是一会吃补品一会又减肥，不少人在寻求幸福的路上不惜成本。实践中笔者认为，阅读其实是一种低成本的幸福生活。

一个人的精神发育史，就是他的阅读史。阅读是一种精神生活，可以提高人的精神力，直接影响到人对生活意义的理解以及人生价值的实现。我 2005 年开始订阅《读者》杂志，13 年来没有中断，期期必看，阅读《读者》丰富了我的精神生活，对业务工作的提高帮助很大。这本杂志不但内容丰富，文字精美，视角独特，更重要的是它刊载了许许多多感人的故事，让人感动，让人感悟，发人深省。《读者》曾刊载过这么一篇小文章：2009 年 12 月 18 日早晨，湖北黄石市铁山区三岔路村年逾七旬的拾荒老人郭冬容，在路边捡到人民币 7000 元。她蹒跚着走了一个多钟头，把钱交到公安分局的值班民警手里。办完手续后，郭老太很不好意思地对值班民警说：“同志我还没吃早饭呢，你可不可以借我一元钱，我买两个馒头吃？”这样的文章让人看后精神上受到洗涤，文明创造幸福，不在口号上，在真实感人的一个个故事里。《读者》杂志里这样的故事很多，所以它深受读者的喜爱。目前，《读者》的月发行量达 1000 多万册，是国内月发行量最大的杂志。就是这些凡人善举的文章，人心向善的故事吸引了多达千万的读者。

社会心理学专家莱斯特对中国人幸福感下降的原因进行了分析，老爱比较、缺乏信念、不善发现阳光面、不知道奉献、不知足、互相不信任、过于焦虑，这成为幸福感下降的主要因素。现在不少人把主要精力都投入到竞争中，比职位、比房子、比财富，比来比去，人的心里只剩下了欲望，没有了幸福。其实，一旦人不是追求幸福，而是怎么比别人幸福，幸福也就离你远去了。

人人都在追求幸福，但真正的幸福是心灵的宁静和充实。十九大报告指出，共产党人的初心和使命，就是为人民谋幸福，为民族谋复兴。习近平总书记多次强调领导干部要加强读书学习，要爱读书、读好书、善读书，真正把读书学习当成一种生活态度、一种工作责任、一种精神追求。通过阅读感受书香，能满足人类的内在需求，使人获得精神上的陶冶与升华，拥有更充实、更丰盈的生活，从而增加幸福感。

书香的涵养，持久的阅读，能让喧嚣的沉静下来，让浮躁的厚重起来。

（原载 2018 年 11 月 6 日《秦皇岛日报》）

后记：思考丰富人生

工作离不开学习，学习离不开思考。我的评论文章，篇篇都是学习思考的产物。年少时读书，主要是为汲取知识，获取的间接知识多，思考相对较少。随着年龄的渐长，生活阅历的增多，遇到的问题和难题也多了，这时的生活工作中有了更多的思考，大到对人生和社会的看法，小至对身边人和事的认识。思考增长了知识，启迪了思想，推进了工作，潜移默化地影响着生活，可以说重塑了价值观，丰富了人生。

过去对于思考的概念较为模糊，作用知之也少。近几年，结合阅读学习和工作生活感悟，为党报陆续写评论文章。每一篇评论在动笔之前，我首先要思考明白这么几个问题：文章是思想的产品，它的作用是引导群众的还是服务群众的，是为了推动发展还是用于关注民生，是深化创新还是舆论监督。总之，一篇评论作为精神产品，得让人看了有作用，这是我的一点思考，也是我给党报写评论文章的首要原则。最近，市委书记孟祥伟向全市党员干部推荐了《信仰的价值追问与共产党人的初心》这篇文章，我学习研究后收获不小。它告诉我们每一名党员干部，我们的核心价值观到底是什么，精神家园在哪里，信仰是什么。一个人的精神家园，不是昂贵的物质可以垒起来的，它需要知识的土壤，需要智慧的围栏，需要鲜活的思想。丰富的精神家园需要阅读学习，需要实践思考。有哲学家指出，学习使人获得知识，思考使知识转化为智慧。因此，一个人的学习和思考力的大小，直接影响到他的个人成长和他对社会的贡献。

思考的触发。每个人都可以学习，但并不是每个人都会学习，其区别就体现在是否让学习触发思考上。学习是一种认知的过程，思考是将学到的东西进行拓展与延伸。只有善于思考，才能把零散的东西变成系统的，把静止的东西变成动态的。阅读学习，生活实践，工作经历都是一个人触发思考的平台。中央电视台十集大型纪录片《创新之路》播出后，赢得了国内外的广泛好评。总导演在接受媒体采访时说，拍摄《创新之路》的目的是想撬动中国人对创新的思考。全国第十五届摄影艺术展览金牌奖的作品《无名小站》，这幅照片之所以能获得全国大奖，作者冯建新这样说：军人的奉献精神触发了他的思考，《无名小站》这张照片真实地在默默述说着中国军人的别离。思考能使人宁静，心无旁骛地工作，在日积月累中迸发出创新的灵感。

思考的过程。思考是一种艰苦的脑力劳动，思考的深度和广度，决定着一个人的人生高度。每个人在工作和生活里，都会遇到问题，问题是什么？问题就是需要解决的矛盾。简单概括，解决问题的过程就是思考的过程。面对问题、分析矛盾、制订办法、解决问题，每个环节都离不开思考。清华大学著名教授柳冠中认为，思考贯穿于设计工作的全过程。一个杯子，在工厂里叫"产品"，在商场里叫"商品"，在家里叫"用品"，进了垃圾堆叫"废品"。围绕这四个"品"进行的设计，解决了制造、流通、使用、回收的问题。海量繁杂的信息在脑细胞中的存储、分辨、比较、联系，通过观察、分析、判断，最终实现正确有效的决策，由表及里，由浅入深，循序渐进，持之以恒，才能使自己的心智不断成熟，智慧不断增长。一个问题的解决过程是一次思考的过程，一篇评论文章的形成也是一次思考的过程，人类发展史就是一部思考创造史。

思考的力量。你所做的每一件事都取决于你的思考质量，思考是创新之母，没有思考难有创造。思考的力量在生活中随处可见，譬如，农民种地，同样一块地，有的多打粮，有的闹粮荒；工人做工，有的能把产品做成精品，有的则把产品做成废品。哲学家黑格尔说，人是靠思想站立起来的。每个人不光有力气，还有思想和智慧。人的力气是有限的，而人的思想和智慧是无限的。思想和智慧，才是人最强大的力量，也是人克服困难和解决实际问题最强有力的武器。

2019 年 1 月 3 日

图书在版编目（CIP）数据

思考的声音：刘广敏评论文集 / 刘广敏著. — 秦皇岛：燕山大学出版社，2019.7
ISBN 978-7-81142-809-4

Ⅰ. ①思… Ⅱ. ①刘… Ⅲ. ①社会科学一文集 Ⅳ.①C53

中国版本图书馆 CIP 数据核字（2019）第 083701 号

思考的声音——刘广敏评论文集
刘广敏 著

出 版 人：陈　玉
责任编辑：唐　雷
封面设计：吴　波
出版发行：燕山大学出版社 YANSHAN UNIVERSITY PRESS
地　　址：河北省秦皇岛市河北大街西段 438 号
邮政编码：066004
电　　话：0335-8387555
印　　刷：秦皇岛墨缘彩印有限公司
经　　销：全国新华书店

开　　本：880mm×1230mm　1/32　　印　　张：6.625　　字　　数：110 千字
版　　次：2019 年 7 月第 1 版　　印　　次：2019 年 7 月第 1 次印刷
书　　号：ISBN 978-7-81142-809-4
定　　价：26.00 元